Kjetil Lillebuan Vada

52 hilsener fra Gud

Kjetil Lillebuan Vada

52 hilsener fra Gud

En vandring i Guds kjærlighet

Andakt Forlag

Impressum / Imprint
Bibliografische Information der Deutschen Nationalbibliothek: Die Deutsche Nationalbibliothek verzeichnet diese Publikation in der Deutschen Nationalbibliografie; detaillierte bibliografische Daten sind im Internet über http://dnb.d-nb.de abrufbar.

Bibliografisk informasjon publiseres av Deutsche Nationalbibliothek: Deutsche Nationalbibliothek oppfører denne utgaven i Deutsche Nationalbibliografie, detaljerte bibliografiske opplysninger er tilgjengelig på internett: http://dnb.d-nb.de.

Coverbild / Bilde på omslaget: www.ingimage.com

Verlag / Forlag:
Andakt Forlag
ist ein Imprint der / er et varemerke for
OmniScriptum GmbH & Co. KG
Heinrich-Böcking-Str. 6-8, 66121 Saarbrücken, Deutschland / Tyskland
Email / E-post: info@andakt-forlag.com

Herstellung: siehe letzte Seite /
Trykt hos: se siste side
ISBN: 978-3-639-48009-2

52 HILSENER FRA GUD.

Innholdsfortegnelse Andakter.

Jeg som har skrevet denne lille boken heter Kjetil Lillebuan Vada. Jeg arbeider som predikant i Det Norske Misjonsselskap. Gjennom 32 år som forkynner og prest har jeg sett hva som er det viktigste av det viktige. Det er budskapet fra Gud om Hans nåde og trofasthet, barmhjertighet og omsorg, tilgivelse og hjelp. Nytt håp. Gud er vår gode Himmelske Far. Dette er hva vi mennesker trenger mest av alt. Boken er en liten samling prekener og andakter jeg har skrevet og talt gjennom alle disse årene. De har ikke noe annet til felles enn at de handler om Guds store godhet. De er ikke mer tematisk inndelt enn at de alle ønsker å gi en hilsen fra Gud om at Han bryr seg om deg. 52 prekener. En for hver uke i året ditt. Tanken er at du kan lese boken på et år. En andakt pr uke. Som kan være med i din travle hverdag og minne deg om at Gud er der. Noe å grunne på i stille stunder. Det er selvsagt opp til deg om du ønsker lese boken på en annen måte. Kan dette formidle Guds omsorg har jeg oppnådd min hensikt med boken. Enkle hilsener fra din gode Gud.

Sandnes, Norge, 10. Januar 2015.

Kjetil Lillebuan Vada

Andakt Jeremia 18, 1 – 6

Mislykket. Har du noen gang følt deg slik ,du også? Og hva gjør vi da? Skyver problemene under teppet og later som ingenting? Eller fortviler ,eller andre løsninger? Ting går iblant i stykker og blir feil i et levd liv. Vi føler oss forkastet. Men i teksten nå hører vi om Gud som ikke kaster noen .Han gjør alt om igjen. Ikke småflikking, men alt om igjen. Nyskaping.

Det gikk i stykker for pottemakeren i teksten . Slik kan det gå med leire iblant. Sprekker sprenger leirkaret. Bibelteksten er så enkel og realistisk. Slikt hender med leiren i pottemakerens hånd, står det så enkelt. Ja, slik kan det gå, om pottemakeren er aldri så god. Det skal ikke alltid så mye til før det går i stykker, i prosessen kan noe skje som ødelegger.

Men hva gjorde så pottemakeren når det gikk i stykker? Kastet han alt fra seg og grep hastig etter ny leire? Nei ,står det, han gjorde det om igjen, med samme leiren, til et annet leirkar! Og han gjorde det slik han ville ha det! For så god var pottemakeren, at han kunne gjøre den ødelagte leiren til det han ville .

Og da er vi ved poenget til oss: Er noe umulig for Gud? I våre liv, i andres? Vi har lett for å gi opp når vi eller andre mislykkes i livet. Slikt skjer, i livet går ting i stykker. Som kristne forventer vi ofte harmoni og vellykkethet på alle fronter. Men ting går iblant i stykker! Gud gir likevel ikke opp. Han har et godt ord til oss som det så ofte mislykkes for. Han gjør det om igjen. Han gjør oss om igjen! Han former oss om igjen, Han tar oss i sine egne skapende hender og lager oss om til et nytt kar. Han både lager og leger oss.

Skulle ikke jeg kunne gjøre som pottemakeren? Sier Gud .Ord til Israels folk om frelse. Ord til oss om hjelp i alt. Skulle ikke Gud kunne gjøre alt nytt for oss? Vi strever så ofte med ting og syns det går i stykker. Livet følger ikke alltid våre oppskrifter om harmoni og vellykkethet. Vi ser på andre og syns de får alt så mye bedre til. Men i dag er dette ordet til deg: Du er i Herrens hånd .Slik leiren var det i pottemakerens hånd .Vel kan det ofte kjennes vondt å være i prosessen når Gud gjør noe nytt. Men at det kjennes vondt betyr bare at da blir du formet, slik leiren formes. Livet vårt er å være på Guds dreieskive. Der er det trygt å være ,der hører vi til. Det skjer ting i livet som hverken vi eller Gud ville. Da tar Han oss varsomt i sine hender, og former oss om igjen. Til det karet vi skulle være. Forunderlige Gud, undrenes Gud, som hele tiden kan gjøre oss nye!

Du er i Herrens hender. Han slipper deg aldri .Du formes av hender som kjenner deg. Til et fint leirkar som er helt unikt og ulikt alle andre. Du får være Guds barn, formet av Gud selv!

Andakt Lukas ev 15, 11 – 32.

Dette er en av Bibelens klassiske tekster! Og jeg tror det lyste av Jesu øyne da Han fortalte den . Slik det vel alltid gjorde. Det er blitt sagt at dette er eneste sted i Bibelen der Gud har det travelt .Han løper! I det gamle Midtøsten var det uvanlig og høyst upassende for eldre menn å løpe. De skulle gå. For en herlig Gud vi har, som gir en god dag i våre tanker om skikk og bruk, bare Han får frelst enda en fattig synder!

Den yngste sønnen i historien forlangte arven på forskudd og dro heimefra. Og glemte faren sin .Det var aldeles uhørt, det betydde at han ønsket og erklærte faren for død. En elendig sønn, hva? Og under tårer ,men i kjærlighet og respekt for sønnens frie valg, delte faren opp alt sitt bo og ga halvdelen til sønnen. Som så dro bort det forteste han kunne. Uten å snu seg og se seg bak. Han dro til et liv i hor og fyll og spetakkel. Den klassiske synder!

Gud er denne faren .Og sønnen, er det du? Har du avsatt Gud i livet ditt? Han tvinger deg ikke tilbake. Men respekterer under tårer det valget du tok da du gikk bort. Det er det som gjør deg til menneske, at valget er ditt ,du er fri. Gud respekterer valget ditt ved å pålegge seg selv avmakt hvis du går bort fra Ham. I en kjent misjonssalme synger vi: Lukk meg i dine smerter inn. Smerter over de mange som er borte fra Gud .

Det er ikke mange som helt bevisst velger å forlate Gud. På en eller annen måte vil du kanskje være hos Gud. Men tenk etter, er du der? Et eller annet sted i livet ditt var det noe som umerkelig fikk deg bort og på avstand. Det var så mye annet viktig. Hvilken plass har Gud i livet ditt nå? Fjern? Livsforsikring i reserve? Herre i livet ditt? Uansett hva du føler, mistet du Gud et sted, mistet du alt, ja, deg selv.

Denne yngste sønnen var en skikkelig playboy. Men sannheten gikk opp for ham .Ingen elsket ham, bare pengene hans. Ensom og venneløs ble ha n sittende med sitt livs fiasko. Kanskje ikke ditt liv er fullt så dramatisk? Lever du mer pyntelig og fordragelig? Men hvor er du i forhold til Gud?

Sønnen mistet alt, unntatt faren! Uten kritikk ble han tatt vel imot da han omsider kom heim, og hilst velkommen. Festmat og glede ble tillyst. Ja, sønnen rekker ikke å holde sin planlagte tale om anger og bot, før faren beordrer tjenerne til å lage full fest! Gud står alltid klar til å ta imot deg. Men hvor er du? Er du undervegs? Er du hos Gud?

Men farens andre sønn, han var en annen! Mange ligner ham. Skikkelig og grei, han hadde alltid vært heime. Hans rettferdighetssans steiler når faren uten videre hilser synderen velkommen. Kanskje misunte han broren livet i utskeielser? Du som er en kristen, ønsker du vekkelse? Ja, du svarer vel ja, men mener du ja? Hva om våre forsamlinger ble fylt av alle slags typer, som kom til omvendelse? Ville du glede deg, eller bli arg over deres ytre stil? Be om vekkelse, men forvent ikke alltid at det blir slik du ønsker og bestiller. De som kommer har ikke levd i din kultur. Den store hindringen for syndere til å omvende seg er ofte den heimeværendes steilhet.

Gud er en Far, en Far som ønsker sine heim. Og du som alt er heime, vær raus og ønsk dem velkommen heim når de kommer. Slik Gud gjør .

Andakt Klagesangene 3, 22 – 23.

Om vi undres over hvordan Gud er, er dette et kort og konsist svar. Det er nøkkelvers i Bibelen for å se hvordan og hvem Gud virkelig er. At Han er en personlig Himmelsk Far som vi kan leve i et nært og godt forhold til .Og tre ord viser særlig mye om Gud: Han er full av miskunnhet, barmhjertighet, og trofasthet. Kanskje ikke det samme kan sies om oss? Likevel er Han det mot oss.

Herrens miskunnhet er ikke forbi! Miskunnhet, eller godhet og snillhet. Om mennesker kan det også oversettes med from . Vi kjenner det igjen i Hassidismen, en jødisk fromhetsbevegelse, av hebraisk hæsæd, miskunnhet, fromhet. Men her handler det om Gud, at Han er god.

Hvordan har du det med Gud? Hvordan tror du Gud ser på deg? Kjenner du på dette nære og personlige forholdet til Ham, der tilliten og troen lever hele tiden? Eller strever du som de fleste av oss med at det bølger mellom tro og tvil? Kjenner du at du ikke alltid er som du skulle, at synden så lett får for stor makt i livet? Kjenner du på fordømmelse, at Gud snart må gi deg opp?

Men Han gjør ikke det! Hans miskunnhet og godhet er ikke forbi, den varer evig. Om du gir opp deg selv, så gjør aldri Gud det, Han gir deg aldri opp. Om du føler deg ond er Gud like god. Husk alltid dette, Gud er god, Han er full av miskunnhet. Kyrie eleison, sier vi i Gudstjenesten . Herre, miskunne deg over oss. Herrens miskunnhet er at Han aldri gir oss opp. Han gir ny nåde hver dag .Dette gjelder deg, i dag og i all evighet.

Guds barmhjertighet tar ikke slutt. Barmhjertighet, barm og hjerte, er mjuke verdier. På hebraisk kommer det enda nærmere, under huden. Det betyr kvinnens livmor. Dette ordet brukes så til å bety barmhjertighet ,mjukhet .Det handler om følelser, Guds følelser. Gud er ikke en ullen skjebnemakt. Han er nær, varm og personlig. Og Han har mange følelser. Du kan trygt bygge ditt liv på Guds følelser for deg,Han elsker deg. Hvor nært kan du komme et annet menneske? Nærmere enn inni, i mors liv, kan du ikke komme. Der er du båret av et menneske som bryr seg om deg, som gir deg næring. Hele tiden .Det mor er, der er du . Beskyttet på alle kanter. Dette er barmhjertighet! Så nær er du Gud! Han bærer deg og gir deg næring, Han beskytter deg. Gud elsker deg med sterke følelser. Han er for deg, om alle er mot deg! Som ei kvinne bærer barnet sitt under sitt hjerte bærer Gud deg og er deg nær. Guds barmhjertighet er ny hver morgen.

Guds trofasthet er stor! Han er trofast om vi er troløse. Han er stødig om vi er vaklende. Han er klippefast om våre krefter smuldrer. Er du ofte skuffet over deg selv og andre mennesker ? Er du en venn andre kan lene seg til ,uten at veggen raser ut? Gud svikter aldri .Hvorfor kalles mange hunder for Trofast? Fordi de er usvikelige i sin hengivenhet mot sin eier. Når Gud har skapt et dyr så trofast, skulle ikke Han selv kunne vise oss mennesker trofasthet , Han som er herre over all skapning? Han er nær deg dag og natt, hele livet, og i all evighet. Det handler om livet ditt, dette. Her og nå. Alle små detaljer. Trofast følger din Himmelske Far deg.

Hva strever du med i livet nå¨? Midt i en verden med så lite godhet, leter du etter kjærlighet og mening? Du har en Himmelsk Far, en personlig Gud, som bryr seg om deg. Han står fast, om alt annet vakler. Han er full av miskunnhet, barmhjertighet og trofasthet. Og det gjelder nettopp deg. Han er din gode Gud.

Andakt Johs ev 17 ,24.

Far, jeg vil! Dette var Jesu ord. Jeg kan ikke komme på noe annet sted i Bibelen hvor Jesus så sterkt sier: Far, jeg vil! Ellers hører vi mest om andres ønsker eller Fars vilje. Men her kommer det sterkt og bestemt: Far, jeg vil! Og så handler til og med det om oss! Er det ikke sterkt at Jesu eneste uttalte egenvilje handler om oss, Hans venner? Syns du ikke det forteller noe om vår verdi? Om at vi er høyt elsket?

Den du er glad i vil du gjerne være sammen med. Jesus ønsker at vi skal være hos Ham. Der skal vi få se Hans herlighet. Bibelen sier: Nå er vi Guds barn, og det er ennå ikke åpenbart hva vi skal bli. Vi kan ikke fullt ut forstå herligheten der framme. Vi bare aner at det er noe stort. En helt annen og ny dimensjon . Himmelen, Guds rike, der vi alle lever et helt nytt liv.

Her har vi begrunnelsen for misjon i verden . Aner vi noe om hvorfor misjon utfra det vi her har hørt? Vi har hørt om Jesu vilje og ønske, om kjærlighet, om å være sammen. Hvordan skal de mange få høre om dette? Mange mennesker og folkeslag har ennå ikke hørt evangeliet om Guds nåde og Jesu vilje. Jesu vilje er et testamente, en arv. Om at alle skal få være hos Ham. Er et ikke rett og rimelig at en arving til en formue får høre om arven, blir innkalt til å motta den? Hvor mye mer skulle ikke da alle i verden få høre at de er arvinger til Himlenes rike og kan få komme dit hvis de vil? Men så mange har ikke hørt om Jesu gode vilje for dem .

Jesu vilje er deg og meg. At vi skal bli frelst, få være hos Ham .en samme viljen gjelder alle. Jesus taler om alle dem som Far gir har gitt Ham. De skal få være hos Jesus .Hvem er så alle disse som Jesus har fått? Det er alle de som kommer til Ham. Hvordan kan de komme når de ikke har hørt at de kan få komme og hvem de kan komme til?

Jesu vilje og ønske ble sagt i Hans siste natt. Det var Hans siste vilje. Like etterpå gikk Han til Getsemane og til Golgata. Misjon er å fullføre Jesu siste vilje. Det er å forkynne at alle er innbudt til fest i Himmelen. At de er omfattet av en ufattelig kjærlighet, en kjærlighet som gir en arv de er berettiget til.

Far, jeg vil, sa Jesus .Hans eneste egenvilje. Så handler til og med den om oss. Og om alle. Også om dem som ikke har hørt det. Far, jeg vil! Den viljen gjelder alle. Jesus vil. Vil vi?

Andakt Jobs bok 35, 14

Selv når du sier at du ikke ser Ham. Gud. Ja, hvordan har du det? Ser du Gud? Kjenner du Hans nærvær? Nå? Alltid? Eller har du stunder da du kjenner deg alene og forlatt, at Gud virker langt borte fra ditt liv? Kan du vitne om seier og medgang, om glede og trygghet, hvile og fred? Eller hender det du opplever det som om livet i verden ikke helt stemmer overens med det livet du ønsker å leve med Gud?

For Job stemte absolutt ingenting. Ingenting i livet hans syntes å vitne om en god Gud som var med ham .Tvert imot, alt så ut til å vise mer enn tydelig at Gud hadde mistet absolutt all interesse for ham. Han som hadde mistet hus og eiendom, familie, ja alt, hva skulle si ham at det lønte seg å¨tro på Gud?Nei, Job måtte si som i kapittel 23, 9: Men går jeg mot øst, så er Han ikke der, mot vest, så merker jeg Ham ikke . Går jeg nordover, ser jeg ikke hva Han gjør ,snur jeg sørover, får jeg ikke øye på Ham. Er det da noen flere retninger eller steder å snu seg til for å se Gud?

Hva med ditt liv? Ser alt ut til å stemme med oppskriften: Herren er med d eg? Er alt som skjer med og bekrefter troen ,er trygghet varemerket i alt? Går du stødig i all din ferd, vel vitende om at "tett ved sida mi går Jesus"? Eller har du også punkter i livet som liksom ikke helt stemmer med bildet du hadde? Bærer du på ting du hadde trodd Jesus skulle ta bort ? Er ubesvarte spørsmål litt for mange? Er det lenge siden du fri modig og lett vitnet om en god himmelsk Far? Hvis du ærlig og oppriktig skulle oppsummert hva du har opplevd i livet med Gud, ville gleden da gjennomstråle alt?

Selv når du sier at du ikke ser Ham-. Det står når, ikke hvis. Det er med andre ord noe vi må regne med som normalt. Skyer vil ofte skygge for sola, ting vil stå i vegen for utsikten .Bagateller og høye fjell vil vekselvis stå foran på vegen. Svinger og bakketopper hører landevegen til. Er ikke livet ofte det vi er oppe i mens vi venter på noe bedre? Er tunneler noe unormalt i fjellrikt strøk? Du har nok ofte gjennomlevd tider da Gud kjentes fjern og livet tungt. Da troen måtte kjempe mot virkeligheten.

Også da ser Han din sak ,ja deg! Det er underlig med Gud, Han kan se oss også når vi ikke ser Ham. Ja, det står at Han lar sitt øye hvile på oss. Hele tiden .En glad og trygg barnesang sier: Gud er så glad i meg at Han kan ikke ta øynene fra meg. Gud ser litt bedre enn vi gjør i mørket! Hvis du og en venn går inn i en tunnel sammen, og du ikke ser vennen, er han der fortsatt ,eller er han borte? Om du ikke ser Gud, er Han like nær. Våre følelser og sanser taler ikke alltid like sant om virkeligheten . Og slettes ikke om Gud. Det kan være mange grunner til at vi iblant sliter. Livet sliter på oss, kreftene er ikke alltid like store. Selv om samfunnet krever det. Mange sliter med nerver og psykisk ubalanse. I perioder kan Bibel og bønneliv ligge nede. I det hele tatt, vi er litt berg og dalbane, vi mennesker. Og vi har en skaper og Far som vet det .

Men også da ser Han oss! Natten er ofte mørkest litt før morgengry. Det kan være mørkt i en tunnel også når du nærmer deg åpningen. Men går du mot åpningen og ikke setter deg ned og gir opp, vil lyset til sist stråle fram. Det åpner seg en veg igjen! Bare vent på Ham, står det. Vent på Gud! Er det ikke det som er vanskelig? Jesus snakket ofte om sin time, om at den ikke var kommet, eller at den så var inne. Kan det tenkes at Gud har bedre oversikt over våre liv enn vi selv har? At Han kjenner bedre den rette tid? Selv når du sier at du ikke ser Ham, ser Han din sak. Bare vent på Ham!

Andakt Johs ev 6, 37 – 40

Alle de som Gud, Far, gir til Jesus, kommer til Ham. Du er ei gave fra Gud, Far, til Jesus. Tenk på det! Den som kommer vil Jesus aldri støte bort. Jesus kom for å gjøre Guds vilje på Jord. Og det er å bevare alle og reise dem opp til evig liv. Den som tror på Jesus skal reises opp til evig liv.

Alle de som Far gir meg kommer til meg. Og dem vil jeg aldri støte bort. Dette er Jesu gode ord til oss. Du er gitt fra Gud Far til Jesus .Han tar imot deg og alle med stor glede. Frelsen er ei gave. Men vi er også ei gave, til Jesus. Kan vi da tvile på at vi er ønsket av Jesus, og at Han ønsker å frelse oss? Ei gave er verdifull. Du er verdifull for Jesus .Han vil aldri støte deg bort. Du vil aldri bli avvist av Jesus .Han er ikke vanskelig å komme nær .Han tar imot alle som kommer.

For Jesus er kommet for å gjøre vår Himmelske Fars vilje. Den er enkel. Ikke å miste noen, men reise oss opp på den siste dagen . Gud ønsker å ikke miste noen .Alle som ikke tar imot frelsen blir mistet av Gud. Det er Guds store sorg. Mange mennesker sørger ikke i det hele tatt over tapet av si frelse. Men det gjør Gud. Hans store drøm er: Å reise de frelste opp på den siste dagen. Som blir den første dagen på ei ny Jord og en ny Himmel. Der Gud og vi skal være sammen, i all evighet, i en verden som er slik Gud alltid har drømt om .Dette vil Gud. Vil du det samme, blir du med.

Guds vilje er: Alle som ser Jesus og tror på Ham skal ha evig liv. Jesus reiser oss opp på den siste dagen. Så mye i denne verden ser så forgjengelig ut. Alt dør og visner. Men slik vil det ikke bli til slutt. Gud vil gripe inn og fullføre sin store drøm. En evighet sammen med oss som Han har skapt. Evig liv i utstrekning og kvalitet. Vi skal stå opp og møte Jesus. Vi skal samles og være sammen. Det blir et liv vi her ikke kan forestille oss. En kvalitet utenfor vår fatteevne. Det er bare Gud som i sin storhet har fantasi nok til å forestille seg det. Det er Guds store visjon og drøm som oppfylles. Når de frelste berges heim til det livet Han vil for oss.

Gud vil, og Han vil deg. Han vil frelse og evig liv for deg. En dag vil Guds drøm bli til din evige lykke, evig liv hos Gud, din Far.

Andakt Lukas ev 8, 43 – 48.

Håpløshet, gratis hjelp og frelse. For en forandring det ble i denne kvinnens liv! Hva har så vi andre fått, og hva har vi å gi?

Håpløshet er stikkordet for denne kvinnens liv. Blødninger i 12 år. Gått konkurs på legeregninger. Livet var ytterst vanskelig. Og det ble bare verre og verre. Skulle hun gi helt opp?

Men så nådde ryktet om Menneskesønnen henne. Menneskevennen. Våget hun håpe igjen? Andre hadde Jesus helbredet. Hun våget å tro på Jesus. Men i det stille, uten oppstyr, ønsket hun å motta helbredelse fra Jesus. Folkestimmelen skremmer. Det trykker på av folk fra alle kanter. Men Jesus var der. Han gikk kledd som det vi i dag ville kalt en ortodoks jøde. Bønnedusker med sine 5 knuter for Moseloven hang ned fra klærne Hans. Kvinnen grep tak i bønnedusken. Og ble helbredet. På stedet. Og det gratis!

Det var ved Jesu kraft hun ble frisk. En kraft Jesus selv kjente gikk ut fra Ham. Skjelvende innrømmet kvinnen hele hendelsen. Og fikk høre Jesu gode budskap: Du er frelst! Frelse og helbredelse er samme ord i Det Nye Testamente. Hun er helbredet, fri ,frelst! Guds rike består i Ånd og kraft. Ikke bare ord.

Vi har alle våre mange behov. Vi kjenner så ofte på kraftesløshet. Så får vi likevel komme til Jesus med våre liv og mangler. Til Ham som fortsatt kan helbrede og trøste. Til Ham som frelser. Jesus er og blir det gode tilbudet vi kan gi til mennesker. I Guds misjon til verden .Vi lever i en verden med mye nød. Hva kan vi gjøre? Vi får være Jesu hender og føtter på vårt vis. Eller kanskje bedre sagt – på Hans vis. Har du besøkt noen i det siste? Tok du den telefonen til han eller henne ingen andre ringer? Gir du oppmuntringer? Et ord fra Jesus? Er du en venn, en som forteller om Menneskevennen Jesus?

Jesus er den samme i dag som den gangen Han helbredet denne kvinnen . Alle trenger Ham. Jesus trenger oss til å nå dem.

Andakt Malaki 1, 2.

Har du noen gang blitt kalt for engelen min? Da er det nok av noen som syns særlig godt om deg! Profeten Malaki har et navn som betyr Min engel, eller min budbærer. Han kom med ord fra Gud.

Tenk deg følgende situasjon: Du er blitt glad i noen . Så har du endelig samlet mot, og gått til ham/henne og klart å si: Jeg er glad i deg. Disse ordene som sitter så langt inne hos oss. Tenk at du endelig fikk sagt disse vanskelige ordene. Jeg er glad i deg, jeg elsker deg. Tenk deg så hva du ville følt, hvis du fikk til svar, så passe surt: Det må du bevise, jeg tror deg ikke! Hvordan har du tenkt å vise at du bryr deg om meg? Tenk, du ble ikke engang trodd da du erklærte din kjærlighet! Den du sa det til ble sur! Hadde du blitt lei deg da?

I Malaki 1, 2 er det Gud som sier: Jeg elsker dere. Dette er typisk for Gud. Han er glad i oss, og er flink til å si det også. Men det er typisk for oss mennesker å svare Gud: Hvordan har du så vist det, Gud? Det utrolige er at mange mennesker blir sure når de får høre at Gud er god og at Han elsker dem. De blir sure fordi de ikke klarer tro at Gud er god. De sier det er så mye vondt i verden . Må det ikke være trist for Gud å høre dette? Det er jo ikke Han som har laget alt det vonde i verden, men vi? Vi forstår ikke alt i denne verden. Og vi forstår ikke Gud. Men Han forstår oss. Selv om ikke vi forstår Ham. Men det er tragisk når mennesker ikke blir glade når Gud sier at Han elsker dem!

Men har Gud vist at Han elsker oss, da? Å ja, hva eller hvem handler hele Bibelen egentlig om? Om Jesus! Om Han som ble lagt i ei krybbe, gjorde alt godt, døde for oss på et kors. Og stod så opp igjen fra de døde, for at vi skal få evig liv. Er ikke Jesus et godt bevis på at Gud snakker sant , at Han er glad i oss? Bibelen sier at Gud er kjærlighet. Og Jesus har vist det!

Tror du at Gud er glad i deg? Han har jo sagt det! Se på Jesus. Tenk på Jesus .Han har vist at det er sant. Gud sier at Han er glad i deg. Og Jesus har vist det! Jesus er Guds kjærlighet til deg.

Andakt Matteus ev 11, 28

Vi lever i ei tid da mange mennesker opplever å leve under press. Vi synes livet er hardt, og vi blir slitne. Det er for mye mas og jag, tempoet blir for høyt. Stress er et velkjent fenomen for de fleste av oss. Tiden synes ikke å strekke til, det blir et evig kappløp med klokka. Der sistnevnte ofte vinner. Kommer tider med romsligere tidsskjema gripes vi lett av rastløshet og indre uro. Vi må "slå i hjel" tiden med noe.

Mange mennesker bærer på byrder som blir dem for tunge. Sorg over en av ens kjære som har gått bort. Eller mange kjenner seg ensomme og forlatte. Dette er en tung byrde i dagens velstandssamfunn . Mange lenkes til sjukesenga. Mange strekker ikke til i arbeidslivet eller i familiesituasjonen, osv. Bekymringer og angst plager mange. Og vi kunne fortsatt og skrevet enda lengre lister over livets byrder. De fleste av oss har noe vi drasser på gjennom livet.

Midt i denne verden med så mye bekymring og nød står så Jesus og roper ut: Kom til meg, dere som strever! Han ønsker å kalle oss til hvile hos Ham, til bønnens fellesskap, til stillhet og fred. Det er mange måter vi mennesker prøver å oppnå fred på .Mye av dette er både godt og rett. Men mest av alt har vi retten til å vende oss til vår Gud og ta imot det Han har å gi. Kom til meg, sa Jesus . Det er en innbydelse til å komme til Ham som har makt til å lindre og lege all smerte og sorg. Han kan løfte av de tyngste byrder. Vi har bønneretten ,i bønn kan vi si Gud alt og la Ham løfte alle byrder av oss. Det er makt i de foldede hender, om de enn i seg selv er svake og små. Hos Jesus kan selv de tyngste byrdene lesses av. La oss ikke glemme det, midt i all vår travelhet og i alt vårt kav.

Den største byrden et menneske kan ha er syndebyrden .Mange kjenner lite til den .Men den er der. Mange strever med seg selv. De får det ikke til. Forholdet til medmennesker og Gud blir et problem .Religion er for mange den største kravstorheten de kjenner. Med påbud og lover om forbedring. Prestasjonskrav uten like. Andre syns de gjør så godt de kan, det må da være nok?

Jesus sa: Kom til meg dere som strever. Ikke alle dere vellykkede og veltilpassede. Men dere som strever. Dere vil jeg gi hvile. Mange tror kristendom er for de som fikk til livet. Men vi er alle syndere og tapere innfor Gud. Her er det ingen forskjell. Derfor trenger vi alle å komme til Jesus med vår byrde. Og ta imot den hvilen bare Han kan gi. Da får vi den freden bare Gud kan gi. Han er vår fred. Vi kaller dette for frelse. For det gir nok fred her i denne verden, men mest av alt får vi den freden bare Himmelen kan vise oss.

Andakt 1. Johs brev 4, 7

Størst av alt er kjærligheten . Det står om mye stort og viktig i Bibelen. Om læren, om sannheten, om alt Gud vil vi skal vite. Om vegen til frelse. Så står det at kjærligheten er størst. Det gjør vi vel i å lytte til. Når Gud sier at kjærligheten er størst, så er den virkelig det. Verden roper etter kjærlighet. Hvis den ikke finnes i den troende forsamling, hvor skal verden leite for å finne den? Hvis ikke vi som prøver å følge kjærlighetens Gud kjenner kjærligheten, hvordan kan den da finnes? La oss elske hverandre, sier Johannes. Ingen innfløkt teologi. Bare dette: La oss elske hverandre.

Midt i en ond verden, la oss elske hverandre. Vi trenger det. Hvorfor handler så mange bøker og sanger om kjærlighet? Er vi mennesker ærlige innrømmer vi at vi er små og svake og avhengige av kjærlighet. Sier vi at vi ikke trenger den er vi ikke sterke, men maskiner, ikke mennesker. Det er ikke noe stort over å skulle være uavhengig av kjærlighet. Det er å være forkrøplet. Gud kalte oss ikke til et forkrøplet liv, men et liv i Hans kjærlighet. Til et liv i avhengighet av Gud og hverandre. I sårbare fellesskap, der vi er utlevert til hverandre for å overleve. Det selvhjulpne mennesket er ensomt. De som trenger andre søker fellesskap .La oss elske hverandre. Til det ble vi kalt. Ikke bare i ord, men i handling og liv. Hvorfor? Hvor er grunnlaget for vår kjærlighet? Er det noen kjærlighetens kilde hos oss selv? Eller må vi søke utenfor oss selv?

Kjærligheten er fra Gud, står det skrevet. Gud er kjærlighet. Noe mer sentralt kan ikke sies om Gud. Bare Han kan elske med Agape, Guds uuttømmelige kjærlighet. Det er kun denne kjærligheten som utholder og tåler alt. Det samme kan neppe sies om oss og vår kjærlighet. Den tømmes fort når de ideelle forholdene blir litt mindre ideelle. Få av oss kan elske uten å få noe tilbake. Hos Gud er kjærlighetens kilde. Bare fra Ham kan vi få evnen til å elske slik mennesker trenger det. De tørster etter virkelig kjærlighet. Innerst inne tørster de etter Gud, etter den levende Gud. Etter barmhjertighet og nåde, forståelse og tilgivelse. Det står at Gud er kjærlighet. Ikke først og fremst prinsipper, rettroenhet, dogmer og lære oa .Dette er viktig, godt og nødvendig . Men det er ikke selve kjernen, alt dette andre er tjenere for det ene nødvendige. Kjærligheten. Dette å elske. Det er fra Gud.

Andakt 1. Johs brev 4, 10- 13

Kjærligheten er et stadig like viktig og aktuelt tema. Her får vi vite hva kjærligheten ikke er. Så hva den er. Og det munner ut i hva denne kjærligheten egentlig er: Hva Gud har gjort for oss. Ikke bare sagt, men gjort. Dette får konsekvenser for livet vårt. For hvordan vi er med hverandre. Til sist blir vår kjærlighet til hverandre selve tegnet på at Gud er i oss. Da når Guds kjærlighet sitt mål. Guds Ånd bor i oss. Det er selve garantien på vårt liv i Gud. Ikke våre gjerninger, men at Ånden bor i oss. Ikke av oss selv, men av Gud.

Kjærligheten er ikke det at vi har elsket Gud. Mye godt kan sies om viktigheten av å elske Gud. Her kan vi minnes Jødenes trosbekjennelse Shema: Hør Israel, Herren er vår Gud, Herren er en. Og du skal elske Herren din Gud av all....osv. Ingen tvil om at dette er sentralt for Guds vilje med våre liv! Også Jesus holdt fram Shema. Guds Lov er oppfylt i dette ene. Følger vi denne vegen, blir verden bedre. Men likevel er det ikke dette som er kjærligheten , sier 1. Johannes brev. Motsier Bibelen seg selv? På ingen måte. Guds gode vilje for oss står fast, Å elske Gud og hverandre. Problemet er bare at det gjør vi i grunnen ikke! Så det blir ingen velfungerende kjærlighet. Og det må den kjærligheten være som skal kunne binde oss og Gud og medmennesker sammen. Så kjærligheten er ikke det at vi har elsket Gud, for det har vi ikke gjort i særlig grad .

Men kjærligheten er at Gud har elsket oss og sendt sin Sønn til soning for våre synder. Gud elsket oss selv om vi aldeles ikke gjengjeldte denne kjærligheten noe særlig. Det er vel slikt vi kaller ulykkelig kjærlighet? Og nettopp fordi vi er så ukjærlige og store syndere, med brister og mangler, nettop fordi vi ikke elsker Gud og vår neste, sendte Gud oss Jesus .Til soning for våre synder. Den Gud vi ikke elsket ,elsker oss. Og kom oss til hjelp i vår mangelfulle kjærlighet. Dette er kjærlighet. Dette er den eneste kjærligheten som kalles Agape. Guds kjærlighet. Jesus er Guds kjærlighet. Kjærligheten er at Gud elsker oss. Og Han kan å elske. I all vår synd stod vi denne kjærlige Gud imot. Så har Gud, som vi har krenket på så mange måter, selv grepet inn med nåde og forsoning. Dette er det guddommelige underet i historien, i våre liv. Den Gud vi skulle elsket, men som vi krenket, har gjenopprettet alt. Fordi Han elsker oss, og derfor ønsker å være nær oss.

Andakt 1.Johs brev 4, 8

Den som ikke elsker, har aldri kjent Gud, for Gud er kjærlighet.

Her er det to hovedpunkter. Først av alt Guds kjærlighet. Gud er kjærlighet. Dernest vår kjærlighet. Den som kjenner Gud vil elske. Åndens frukt er kjærlighet. Så er det fort gjort å granske hverandre etter mangelfull kjærlighet. Men da har vi misforstått. Hovedbudskapet er at Gud er kjærlighet. Hans kjærlighet kan vi få om vi vil. Den vil komme til å gjennomsyre oss, fylle våre liv med Hans kjærlighet. Vi kan ikke selv så lett måle dette, men vi vil gjenspeile noe av Gud i en ond verden .

Det er tre slags kjærlighet i verden .Alle er Gudgitte og gode. De har ingen nødvendig intern motsetning. Den første er Eros , eller Amor. Kjærligheten mellom mann og kvinne. Den mest kjente og ofte miskjente. For noen den eneste de kjenner. Vi møter den overalt, i sanger og der mennesker møtes. Den er sårbar og noe vi mennesker synder mest mot . Men uten den ville ikke vi mennesker finnes. Den andre kjærligheten er Filos. Vennskap. Kunne du tenke deg livet uten venner? I sorg og glede ,er det ikke godt å kjenne fellesskap og nærhet? Uten vennskap dør noe i oss. Den tredje formen for kjærlighet er Agape. Guds kjærlighet. Denne taler Bibelen mest om .Bare Gud kan elske med Agape. Den er uutslettelig ,uutømmelig, tåler alt og tror, håper alt. Denne kjærligheten kan fylle et menneske når det blir Guds barn. Slik kan Guds kjærlighet virke mellom mennesker. Er ikke dette noe verden trenger? Det er ingen motsetninger mellom disse tre formene for kjærlighet. De er alle Guds gaver.

Men når vi her går videre ,snakker vi om Agape .Guds kjærlighet. Den er annerledes enn vår kjærlighet. Gud ønsker oss fullt og helt, ikke stykkevis og delt. Alltid er det vårt beste Gud tenker på .Han har et forhold til oss, noe som skildres i sterke ordelag i Bibelen. Det skildres ofte som en forlovelse eller et ekteskap. Gud skildres flere steder som den forsmådde og sviktede parten i et utroskapsforhold. Gud kalles en sjalu Gud. Så mye får komme i vegen for vårt forhold til Ham. Hva er så viktig for Gud i forhold til oss? Han elsker oss med en brennende kjærlighet. Fra Hans innerste vesen. Gud er kjærlighet. Han er en Gud som elsker. Til det ble du skapt, å være elsket av Gud. Mer enn at vi skal elske. Du trenger Guds kjærlighet. Han trenger faktisk å elske deg. Han lar sitt øye hvile på deg hele tiden. Og gir deg sin fred. Gud elsker deg. Har Hans kjærlighet fått fylle deg så fullt og helt at du nå elsker andre? Med stor kjærlighet er du elsket. For intet har du fått det. For intet skal du få lov til å gi Guds kjærlighet til andre.

Andakt 2. mosebok 14,14

Herren skal stride for dere, og dere skal være stille . Lettere sagt enn gjort? Mener Gud virkelig det? Tenk på situasjonen Israel var i da de fikk høre disse ordene! Rett foran dem er havet, bak dem kommer Egypts hær for å ta dem . Men Gud åpnet en veg der det var umulig. Hvilken situasjon er du i? Trenger du at det åpnes en veg? Du har prøvd så mye selv å åpne, finne en veg. Og kanskje du syns det blir lenge å vente på at Gud gjør noe? Men i rette tid åpnet Gud en veg for Israel. Er Han den samme nå i dag?

Israelittene var samlet ved Pi-Hakirot nede ved Rødehavet, eller hvor nå Sivsjøen var. Og vi kjenner situasjonen. Foran dem lå havet og stengte .Bak dem kom Egyperhæren. Det som så ut til å være en sikker utgang på dette var massakre, død og grav. Da skjer det at de får Herrens Ord: Herren skal stride for dere, og dere skal være stille! Der problemet var stort ble underet desto større!

Er det ikke slik det er for oss også? Der problemet er stort er underet fra Gud større! Hvordan er det med deg, kjenner du livet som en åpen veg, eller som stengte dører og porter? Er du i strømmen eller bakevja? Kjennes det som en Egypterhær kommer bak deg og truer, eller er du trygg og fredelig? Uansett får du igjen høre dette ordet fra Gud : Herren skal stride for deg, og du skal være stille. Ikke passiv, men stille.

Men det er vel det som er så vanskelig, å være stille. Tankene våre flakker så viden om. Stillhet er ikke det samme som tafatthet eller tiltaksløshet. Å holde seg i ro er ikke lik oppgitthet. Å være stille er tro, å vente på at Guds løfter oppfylles. Selvsagt skal vi gjøre noe, men ikke for tidlig, som da Abraham og Sara mistet tålmodigheten og ved egne veger fikk sønnen Ismael. Å være stille og vente på Herren er å vente på Guds time og måte å gjøre det på. Den er alltid best. Her er det de fleste av oss strever! Vi er ikke alltid så tålmodige når vi må vente på Herrens tid.

Gud vil ikke det nest beste, men det beste! Og det beste kommer ofte over tid. Det skjer i Guds tid, den rette tiden. Alt Han gjør er til vårt beste. Vi vil ha raske og enkle løsninger. Gud vil ha kvalitet og varige verdier. Evige verdier! Ikke den raskeste, men den beste løsningen. Gud er ingen automat med trykknapper, Han er en Himmelsk Far med armer som når helt ned til oss. Han vet best. Kan kjenner deg og din situasjon best, Han stenger og åpner dører til vårt gagn.

Herren skal stride for dere, og dere skal være stille. Gud ser deg, Han har ikke glemt deg. Han vil gripe inn. Se opp til Ham der du er nå, du kan forvente sikkert at Han vil hjelpe deg.

Andakt Efeserbrevet 2, 14.

Jesus er vår fred .Men hva er fred? Hva tenker du på med fred? Teksten vår handler først og fremst om fred mellom to grupper. Jøder og hedninger. Det var et veldig skille. I Templet hindret gjerder hedningene i å komme nær Gud. Jesus er vår fred. Han gjorde Jøder og hedninger til ett i Kristus. Nå har vi fri adgang til Gud. I dagens Midtøsten er det et veldig skille mellom Jøder og Arabere. Men vi ser her hvordan Jesus helt konkret bringer fred.

Fred ,der er det godt å være. Den som har opplevd krig vet hva frihet er. Vi lever i en verden som lengter etter fred. Jesus er vår fred .

I Guds menighet er det ikke alltid fred. Det strides blant kristne. Venner skiller lag fordi teologien ble forskjellig . Det er mye bråk blant kristne. Søker vi nærmere Jesus finner vi fredens kilde. Og Han skal vokse, jeg skal avta. Der Jesus kommer til vokser tilgivelse og forsoning. Jesus fortalte en gang om en tjener som fikk ettergitt ei kjempegjeld av sin herre. Mer som ikke ville ettergi gjelda til en medtjener .Den som tilgir mye vil elske mye .La os gjøre det. Der det er kjærlighet blir det fred.

Jesus gir oss fred med Gud. Mange mennesker lengter etter Gud. Men klarer ikke å finne en kjærlig Gud. Av naturen er vi Guds fiender. Men nå har vi fri og hel adgang til Gud ,ved Jesus. Jesus ga oss forsoning og fred med Gud. Med fred kan vi mennesker leve sammen. Med fred kan vi leve sammen med Gud . I all evighet skal vi få være sammen med ham .

Ved Jesus får vi fred med oss selv. Ikke så at vi alltid kjenner freden som en god følelse. Men du ser deg selv med helt nye øyne. Er du elsket og tilgitt av Gud, kan du mer fritt se på deg selv .Du er verdifull, Det må vi være ,siden Gud elsker oss så mye. Du er et Guds barn, du har funnet din rette Himmelske Far.

Hva er fred? Vi tenker på stillhet og harmoni. Jesus får våre hjerter til finne ro. Der Han er , er det godt. Han er vår fred. Bare hos Gud blir vi stille. Bare i håp til Gud blir min sjel stille, sier salme 62. Det er mye mas og uro rundt oss. I bønn til Gud finner vi ro.

Han er vår fred. Så enkelt sier Guds Ord det. Så enkelt kan vi ta det. Julenatt sang engler for gjeterne : Ære være Gud i det høyeste, og fred på Jorden blant mennesker som har Guds velbehag.

sang englene sangen om fred og mennesker som Gud har glede i! Slik lyder Herrens Ord, nå som den gangen.

Andakt Filipperbrevet 4, 4-7

Jeg glemmer aldri min ungdoms Interrailtur til Hellas. Der besøkte vi bl a ruinene av det som en gang var byen Filippi. Vi så det som kan ha vært fengslet der Paulus og Silas satt i fangehullet og sang lovsanger. Her ble en menighet til. Som Paulus stod i et spesielt forhold til . Hit skrev han seinere: Gled dere i Herren ,alltid!

Å glede seg i Herren er noe annet og større enn andre gleder . Den er den eneste som kan være der alltid, under alle forhold. Den holder i glede og i sorg. Å glede seg i Herren er å vite at Gud er der, alltid, hele tiden. Det er en konstant glede over Guds frelse, godhet, hjelp, barmhjertighet. Å vite at Gud alltid er der! Dette understrekes ved at Paulus gjentar det: Igjen vil jeg si: Gled dere. Gleden i Herren er vår styrke. Gud er den store gleden i livet. Den holder i medgang og motgang.

La alle mennesker få merke at dere er vennlige. Vi er vitner, med vår ferd og oppførsel i denne verden . Mildhet og godhet fra Gud, balsam for mennesker. Dette er vi satt til å gi dem. Herren er nær står det skrevet midt i formaninger om å være vennlige. En påminnelse om at Gud er midt iblant oss hele tiden. Og vår oppførsel skulle være slik vi ønsker den skal være når Gud ser oss.

Vær ikke bekymret for noe. Lettere sagt enn gjort. Men Paulus, og enda mer Gud, vet hva han snakker om. Det er ikke et påbud, men et tilbud om et bedre liv. Ser vi etter bakover i livet er erfaringene dette: Mesteparten av bekymringene ble aldri virkelighet, men bortkastet strev. Og det som ble virkelighet fikk vi hjelp til. Likevel bekymrer vi oss ofte. Jesus dømmer oss ikke for det. Han gir et tilbud, ikke et påbud, om ikke å bekymre oss. For Han gir oss ei gave:

Legg alt dere har på hjertet fram for Gud. Be, og takk Gud. Våre bønner, særlig når vi ber under spesielle behov, er ofte preget av stressede tanker. Men be med takk, står det. Bønn med takknemlighet til Gud. Med tanker om at Gud er god, vil oss vel, og gjør det godt for oss. Et takknemlig hjerte gir fred.

Guds fred skal bevare oss. Den overgår all forstand. Den bevarer våre hjerter og tanker, i Kristus Jesus. Vi har Jesus, og alt godt følger med Ham. Du kan be i Jesus navn. Og Guds fred skal følge deg alle dager. Dette betyr ikke et lettvint liv der alt automatisk løser seg. Men det betyr et liv i Guds fred som er med deg under alle forhold og i vekslingen mellom lys og skygge i livet. Gud omgir deg med sin fred.

Andakt Fillipperbrevet 1, 3 – 6.

I det nordlige Hellas ligger ruinene av det som en gang var byen Filippi. Disse er vel verd et besøk .Her var gledens menighet. Mennesker som stod Paulus så gledelig nært. Tenk å få slik en attest .Jeg takker alltid min Gud når jeg tenker på dere.

Litt av en omtale å få for ei menighet og for mennesker! En kunne vel få et oppblåst sjølbilde av mindre. Nå er vel ikke det det største problemet i Norsk kristenliv? Vi strever vel heller med et urealistisk og uriktig lavt sjølbilde og skyldfølelse også etter at Jesus har tatt på seg all vår synd. Og vi er ofte utrygge og tenker at andre må synes vi gjør en altfor dårlig innsats for Guds rike. Misfornøyde med oss selv og andre. Hvilken god ånd ville det vel ikke vært blant oss om vi takket Gud for hverandre? Hvilken trygghet i tjenesten det ville gi. Glede istedenfor krav. Har du takket Gud for fellesskapet du er med i? for dine ledere?

Og hver gang jeg ber for dere gjør jeg det med glede. Dette er Paulus ord til Filipperne .Bønn for andre ,kan det tenkes større velsignelse? Det løfter blikket ut over vår egen lille verden .Og det bringer Guds velsignelse ned over den du ber for .Har du minnet Gud om noen i dag? Paulus bad med glede. Han var glad i vennene sine i Filippi. Be deg glad, og be for dem du er glad i.

Filippermenigheten hadde fra første dag vært med i arbeidet for evangeliet. Fra sin nyomvendelsestid og like til modnere tider hadde de arbeidet for misjonen .Den første tids iver hadde ikke gått over! Kjærligheten til Jesus gjorde at de stod i ivrig tjeneste for Ham .Det er naturlig å bære et ønske om å dele evangeliet med andre når du selv har fått det. Og det er ikke i egen kraft vi skal leve kristenlivet.

For Han som begynte en god gjerning i deg, skal fullføre den helt til Jesu Kristi dag. Dette er trøsterike ord ,Paulus er helt viss på det. Gud selv vil fullføre verket i ditt liv som kristen i verden. Det er et løfte vel verd å ta med seg. Legg merke til at Gud vil fullføre en gjerning i Filipperne, ikke bare gjennom å bruke dem . Du er ikke bare et redskap for Gud. Du er også gjenstand for Guds kjærlighet og omsorg, Hans foredling av deg som Hans barn. Du syns kanskje ikke det er noen vekst eller utvikling hos deg. Ta da med dette løftet: Gud selv vil fullføre en god gjerning i deg. Dette er ikke en trelldom der du må produsere vil hjelpe , også i alle gjerninger.Du skal slippe å tilfredsstille en streng Gud. Gud vil bruke deg. Ikke slite deg ut. Det er Gud som skal virke gjennom deg. Og da er det Hans ansvar hvilke resultater ditt liv gir.

Andakt Galaterbrevet 4, 6

Fordi dere er barn, har Gud gitt sin Sønns Ånd i våre hjerter, og Ånden roper Abba, Far!

Jeg husker godt en liten hendelse på torget i Natanya, Israel. En far og guttungen hans kom gående. Et svært vanlig syn, i Israel som ellers i verden . Så kom de et stykke fra hverandre, og gutten ropte på faren sin. Da ropte han dette kjente hebraiske ordet: Abba! Og det var jo ikke så rart, ordet betyr pappa. Tenk at Gud sier oss at et slikt forhold kan vi ha til Gud. En Himmelsk Far. En du kan si Pappa til. Og hvem sier pappa til noen? Jo, småbarnet som snakker til faren sin. I tillit. Og sier med det: Jeg trenger deg, aleine er jeg liten. Men du er stor og sterk!

Gud som Himmelsk Far, lyder det godt? Ikke alle har opplevd å ha en god far her på Jorden .Det sies at vårt bilde av Gud er preget av vårt forhold til den faren vi har eller hadde her på Jord. Det er alvorlig å være far! Vi er skrøpelige, noen hver. Noen er opptatte, travle ,sinte , sære , hører ikke etter, noen er til og med voldelige, andre misbruker sine barn. Det er mye nød hos mennesker knyttet til tanken om far. Hva tenker et slikt menneske om Gud? Enda en maktmisbruker ? Det er rystende, dette at ikke alle fikk en god far. Siden vil de ofte leite etter erstatninger for far. Ikke alle ser det lett å ha Gud som Far.

Men når Gud kalles din Himmelske Far , er det virkelig ment som en god far. En som bryr seg, hører etter, bærer deg, er nær deg. Han har omsorg for deg, Han er sterk når du er svak, Han er en du alltid kan komme til. Som når et barn kommer hjem om kvelden, blir møtt av en vennlig far, favn, slik var det for meg å komme til Gud. Jeg kjente at her hører jeg hjemme. Jeg får være et barn i Guds hus, være heimehørende hos Gud. Hos en god Far som elsker barna sine, som er veldig opptatt av dem alle. I en barnesang synges det : Gud er så glad i meg at Han kan ikke ta øynene fra meg. I Bibelen står det at Gud lar sitt øye hvile på oss, og gir oss fred. Den du er glad i ser du gjerne mye på, og kan snaut nok ta øynene vekk fra. Som vår gode Himmelske Far gir Gud oss alt vi trenger i livet. Mest av alt ga Han oss Jesus, for at vi skal kunne komme heim til vår Far i Himmelen . I tillegg gir Han oss alt som holder livet oppe, det livet Han en gang ga oss.

Andakt Galaterbrevet 5 ,1

La dere ikke legge under trelldommens åk! Er det nødvendig å si det til kristne i dag? Kjenner ikke vi evangeliet og er frie? Annerledes da med Galaterne som var truet av loviskhet fra retninger som krevde lovoverholdelse for å bli frelst . Men er det så annerledes i dag, da? Er ikke mange miljøer preget av menneskebud og regler for kristenlivet, der evangeliet til slutt drukner i mengden av ting det ikke er lov til å føle, mene, gjøre?

Er du fri? Til frihet har Kristus frigjort deg. Men lever du deretter? Eller er du en fryktens lovtrell? Det som kjennetegner trellen er ufrihet og frykt. Mens det frie barnet kjennetegnes av glede og trygghet og frihet. Hvem av disse to er så du? Hvis du skulle presentere evangeliet for noen, hva ville du vektlagt, hva ville du forkynt? Det bildet mange har av kristen tro er dette: Ta ikke ,smak ikke, føl ikke, gjør ikke, forbudt, forbudt, nei,nei,nei. En guttunge skulle en gang si hva som er synd. Og svarte: Synd, det er alt som er godt. Synd, ja, hva tror du verden hører mest av budskap fra oss som kaller oss kristne? De hører oss preke om moral og synd. Men hører de oss tale om nåden og friheten i Kristus? Vi taler ofte sannheten ,vi kristne . Om denne verdens synd og elendighet. Alt er ofte pinlig korrekt. Og det er nettopp det vi ofte er. Korrekte. Men med eller uten hjerte? Hva hjelper det å forkynne sannheten om mennesker , når ikke kjærligheten vår er tydelig nok? Hva hjelper det å sitte i våre gudshus og kritisere verden, når vi ikke går ut til dem og hjelper dem? Når omsorgen mangler blir vår loviskhet anstøtelig og kald.

Verden er syndens treller, vi er ofte Lovens treller .At vi ofte møter verden med hevede pekefingre skyldes at vi selv føler oss utpekt av dommen. Når frimodigheten vår daler, hva skal vi da forkynne? Vi kan ikke annet forkynne enn det vi selv har opplevd og fått. Det er mye skyldfølelse blant oss kristne . Hele tida er det noe vi ikke skulle gjort, eller burde ha gjort, eller gjort bedre. Perfeksjonisme er utbredt blant oss. Vi hører så ofte i forkynnelsen: Å måtte vi bare gjøre slik og slik. Vi bør det og det. Hvor ofte kan vi gå tynget ned av alle slags burde og skulle, når vi går ut etter et møte? Når Loven forkynnes tørster vi etter forløsning. Etter befrielse. Vi må aldri forkynne Loven uten straks å forkynne Evangeliet. Evangeliet er balsam for engstelige sjeler. .

Andakt Jeremia 29, 11 – 14 A

Dette er sterke ord fra Gud ved profeten Jeremia, sagt i ei vond tid for det Jødiske folk og land. I dag er dette også ord til oss, i vår tid, til det vi står oppe i nå. Til deg, med alt det du strever på med, eller gleder deg i.

For jeg vet hvilke tanker jeg har med dere , sier Gud. Gud tenker på oss, og Han vet godt hva Han tenker. Og hva Han ikke tenker. Gud er en god Far, ikke en skjebne. Han tenker fredstanker om oss, ikke ulykkestanker. Gud er god, Han vil oss vel. Dette gir fred i livet ditt, Gud vil deg bare godt, velsignelse, fred .Han vil gi deg framtid og håp. Uten håp og ei framtid dør vi innvendig. Gud er ditt håp, som holder. Han gir deg framtid, liv, du kan trygt legge livet ditt i Hans hender.

Når vi kaller på Gud vil Han høre. Når vi kommer til Ham med våre bønner. Stundom syns vi bønnene våre ikke når opp til taket en gang . Andre ganger merker vi Hans nærvær. Uansett hører Han oss. Hvordan påkaller vi Gud? Ja, hvordan påkaller vi noen, da? Bruker du ikke si navnet deres? Og så sier du det du ønsker fra dem? Så også med Gud, du bare henvender deg til Ham, og sier det du ønsker. Han har lovet å høre på. Og Gud er en Gud som hører godt.

Når vi søker Gud skal vi finne Ham. Noen synes Gud er fjern og vanskelig å finne. Det er jo litt rart, da. Han er der jo hele tiden. Er det vi som ikke ser? Og livet er ikke alltid så lett. Da ser vi ofte et annet sted enn i retning Gud .Søker vi Gud av et helt hjerte skal Han la seg finne. Helhjertet, her ikke krav om å være perfekt. Men ønsker du å finne Gud, finner du Ham. Gud er der, og Han lar seg finne.

Så vil Gud vende lagnaden din. Et litt gammelmodig ord for livet ditt slik det er. Trenger du at Gud forandrer noe i livet ditt? Det er mye vi ikke forstår. Men vender du deg til Gud vil Han hjelpe deg å bære de kors du må bære. Livet har mange hensyn, ikke minst til andre. Men Han vil også snu og forandre ting i livskursen din .Hva trenger du i ditt liv? Gud vil mer enn du selv at du skal ha det godt. Og selv om det er mye vi ikke forstår, vil Gud være der og gripe inn. Til forandring, kraft, fred. Dette handler ikke bare om enkelte ting, store eller små, det handler om hele livet ditt. Gud er der, Han er der i livet ditt. Han er ikke en teoretiker. Han er en praktiker i livet ditt. Alt kan du gå til Ham med.

Andakt Jesaja 41, 10

Dette er et av Bibelens klassiske og mye brukte vers. Sagt til Israels folk ved profeten Jesaja. I dag sies det til oss, vi som har fått del i Israels løfter fra Gud. Dette er et Bibelsted vi ofte bruker, og med god grunn. Om at Gud er med oss, i alt.

Vær ikke redd, for jeg er med deg. Det hender vel iblant at du er redd? Eller i alle fall engstelig? Vi tenker ofte bekymrede tanker, sliter oss ut på omstendelige forestillinger om hvordan ting er eller kan bli. Så sier Gud: Vær ikke redd, for jeg er med deg. Gud er den store forskjellen i livet. Når Han er med er vi ikke aleine. Da gjør vi alt sammen med Ham. Han hjelper oss med alt vi ikke klarer så godt. Gud er med oss, vi er ikke aleine med det vi holder på med. Vær ikke redd. Vi er sammen med Ham som skapte Himmel og Jord.

Se deg ikke rådvill omkring. For jeg er din Gud. Slik er Guds hilsen til oss. Hvor ofte ser du deg rådvill omkring? Lurer på hvordan dette skal gå? Vi er mennesker, vi er begrensede, vi lurer ofte på løsninger, hvordan skal dette gå? Jeg er din Gud. Slik er Guds enkle ord til oss. Gud er ikke begrenset. Han famler ikke etter løsninger. At Han er din Gud betyr at Han har veger du selv ikke kan finne. Du er sammen med Ham som ser der du selv ikke ser. Han ser deg, vet om deg, griper inn.

Han gjør deg sterk, Han hjelper deg. Enkle ord fra en som alltid er der. Vi kjenner oss ofte så svake. Men Han er uendelig sterk. Og hviler du i Guds hånd får du styrke og mot fra Ham. Du kan be til Ham som gir deg den styrken du ikke har. Han hjelper deg, enkle ord om at du kan regne med Gud. Du har adgang til Guds uendelige ressurser. Guds hjelp er alltid på rette måten i rette tid. Noen ganger syns vi Han drøyer og venter for lenge. Men Han griper alltid inn i sin rette tid. Gud er en Gud som hjelper .

Han holder deg oppe. Med sin frelserhånd. Gud er en Gud som frelser. Frelser for tid og for evighet. Han frelser deg til Himmelen, og Han frelser, redder deg også her. Han holder deg oppe. Du skal ikke synke ,du skal ikke gå under. Når Gud med sin frelserhånd holder deg oppe, da går du ikke under. Da er du virkelig oppe.

Andakt Jesaja 55, 1 – 3.

Hva var dine første tanker da du leste disse ordene? Mine er: for en kjærlighetserklæring! Og så godt å høre i en verden der alt koster så alt for mye. Du får ingenting gratis, du må jobbe for alt, hører vi ofte .I disse ordene fra Gud hører jeg: Kom nærmere ,du som strever. Kom og få og få, uten slit og forsakelser. Kom, du som tror du må tjene Gud dag og natt for å tro at du er elsket av Ham . Kom og bli elsket og stelt godt om ,uten noen motytelser fra deg selv. Jeg ser for meg å ligge i ei hengekøye, mens det blir båret fram den ene godsaken etter den andre. Er dette kristendom? Ja, det er nettop det det er. Hvor ofte gjør vi det ikke til kav og innsats og krav?

Kom og kjøp! Ja, det har du hørt før! Men da fra alle dem som tuter deg ørene fulle av reklame. Det sies å være billig. Men gratis er det ikke. Kjøpefest, kalles tidens religion .Kjøp deg lykkelig, lev livet med pengesedler og kredittkort. Aldri har vi jobbet så mye og så lite samtidig, aldri har vi tjent så mye, brukt så mye. Har du det travelt? Hvorfor det, tro? Slår det deg at det er gått hull i to sekker? Tida di og lommene dine? Vi samler og får aldri nok. Vi rekker mye, men aldri nok. Hvorfor tror du Bibelen snakker om sprukne brønner når den beskriver livet uten Gud? Kjøpesentrene er tidens katedraler. Men vi kjenner oss ikke på hellig grunn der! Hvorfor kaver vi så, hva oppnår vi? Er det jakten etter mening, lykke, innhold vi prøver på? Vi følger den jevne strømmen , den driver oss av gårde .Vi slutter fred med jakten etter mer. Der får vi alt...og ingenting. En Etiopisk kristen sa en gang: Dere har alt. Og det er i grunnen alt dere har.

Men kom og kjøp , gratis, uten penger! Her taler Gud! Ei frihavn for alle som er trøtte av kavet. Gud er ikke kravets og slitets Gud. Du er et Guds frie barn, og ikke en slave. Det er bare ett ord som godt nok dekker alt dette: Nåde. Nåde og atter nåde. Tror du på Guds nåde? Hvorfor strever du da? Hvorfor ser du da så kritisk på andre? Kom til Gud og få .Åpne armene dine og få favnen full av gaver. La Gud få gjøre deg rik, mett, lykkelig og tilfreds. På det som metter. Hans kjærlighet. Den er så vanskelig å se i en vond verden . Men Han elsker deg. Ubegrenset. For det er kjærlighet vi mennesker springer etter. Enten vi er store og tøffe eller ynkelige og små. Kom til meg ,sier Gud. Bare hos Ham er min lykke og tilfredsstillelse.

Hvorfor bruker dere lønnen på det som ikke metter? For du gjør det vel, du også? Når opplevde du sist at du var ordentlig tilfreds og glad? Var det ikke da du var i lønnkammeret med Gud ,eller sammen med venner som forstod? Vi snakker ofte om sanne verdier. Og vet hva vi mener med det. Da må vel mye annet være falske verdier? Hvorfor løper vi da etter dem? To ting vi må ha for å leve er brød og vann. Kom og få det, sier Gud. Og vet at vi trenger det, bokstavelig talt. Men også Livets brød og vann, Jesus. Det Gud tilbyr kalles for feite retter. Uttrykket er fra ei tid da kroppsarbeiderne trengte flere kalorier enn i dag .Ei tid da feite retter ikke truet slankekuren, men trengtes for å leve. Kom og få det beste, sier Gud. Hvorfor kaste bort tiden på noe annet ?

I dag florerer mange religioner på troens marked. For et strev de fleste innbyr til! Alltid må du gjøre så mye. Bud og forskrifter, gjør dette, så skal du leve. Men hva må jeg gjøre for å få evig liv? Gud sier: Kom og få det, gratis. Kom til meg, dere som strever, sier Jesus. Så mange kjenner til bud og regler. Hvor mange kjenner Jesus, nåden og evangeliet?

For ingenting har dere fått det, for ingenting skal dere gi det, sa Jesus. Vi kan ikke tie om Jesus . Vi har fått frelsen gratis, og det er ingen sur plikt å fortelle det videre. Misjon er et privilegium. Å få fortelle om alt vi har fått.

Andakt Jesaja 61, 1 – 6.

Som det meste i Bibelen er dette sagt til Israel, gjennom profeten . Men vi andre har fått del i det, slik vi har fått del i alle Guds løfter. Vi vet at Jesus oppfylte disse ordene. Han sa det selv, i synagogen i Nasaret. Så er da disse ordene også Jesu ord til oss.

Jesus er Messias, den salvede, fyrsten, kongen. Men Han er ikke kommet for å gjøre de selvtilfredse enda mer overlegne. Her forkynnes et gledesbudskap til fattige. Fattige i vanlig forstand, Guds budskap til verden har alltid ei sosialetisk side. Men det gjelder ikke mindre de fattige på religiøse prestasjoner, de forkomne synderne. Han leger dem som har et knust hjerte, roper ut frihet for fanger og frigjøring for dem som er i lenker. Det norske ordet for frelse betyr visstnok fri hals, at en slave blir fri fra halslenker. Jesus er kommet for å sette syndere i frihet, fra det slaveriet vi både liker og misliker. Han leger dem som har et knust hjerte. Det er underlig med Gud, Han er særlig nær hos de nedbøyde hjertene. . Hvordan har du det? Trenger du legedom fra Gud? Kanskje kjenner ingen andre smerten din, men Gud gjør det. Gå til Ham, Han hører og ser deg. Han gir frihet til fanger og frigjøring for dem som er i lenker. Slaveriet i Amerika ble avskaffet på kristent grunnlag. SørAfrika ble kvitt Apartheid ved evangeliets frigjørende kraft. Misjonen har løftet mange mennesker opp fra fattigdom og nød. Metodismen reddet England fra undergang. Evangeliet har mange sosiale sider. Enda mer gir det frigjøring fra syndens og fortapelsens fangenskap. Gå til Jesus med de lenkene som tynger deg, Han tar dem av.

Jesus roper fortsatt ut et nådens år fra Herren. En dag med gjengjeld og straff fra Gud. Straffens dag kom, men den traff Jesus, vår Frelser. Straffen rammet Jesus, vi går fri, vi får nåden. Nå roper Han ut for alle som vil at nådens år gjelder fortsatt. Ennå er det nåde å få for synd. I dag er frelsens dag. Gratis, fri, raus, god. For alle som vil.

Jesus trøster alle som sørger. Hvor mye alle mennesker gjennom alle tider har trengt nettopp det! Alle opplever før eller siden sorg. Hvor kan vi gå med den ? Særlig med den vi føler oss så maktesløse overfor, døden , atskillelsen ?Bare en kan gi oss håp om gjensyn, Jesus, Frelseren ,Han som gir Himmelhåpet. All din sorg kan du komme med, gå til Ham, du som strever.

Andakt Jobs bok 19, 25-27

Det er en utrolig tekst vi her har for oss. Om smertenes mann Job, som lenge før Jesus kom forkynner det sterkeste håpet som fins: Min gjenløser lever! Job, smertenes mann, historia er velkjent. Hans elendighet skildres nøye. Omgitt av venner med gode eller dårlige råd sitter han der. På søppeldynga for mennesker, eller et eller annet mindre trivelig sted . Sjukdommen har brutt ham helt ned. Snakk om realitetsskildring! Her er noe av verdens virkelighet mer enn nært nok beskrevet. Det overgår Dagsrevyen og alle aviser. Samtidig er Bibelen full av ord om Paradiset, om Himmelen, om ei god framtid. Ja, Jesus forkynte jo at Himlenes rike allerede er iblant oss. I verdens surrealisme er noe nytt brutt inn, Guds rike! Det ser så smått og trått ut i verden, med all godhet. Ondskapen ser ut til å ta overhånd .Men gjenløseren lever! Og Han skal få det siste ordet!

Lengselen etter det gode, etter Paradis ,har alltid ligget i mennesket. Ikke så rart, vi kommer jo derfra! Og Guds hensikt er å få oss tilbake dit. Vi er evighetsvandrere, med Paradis som mål. Denne Jorda kan ikke bestå, den skal forgå. Vi lever i heimlengsel, vi vet at vi egentlig tilhører en annen verden. Dit lenges og dras vi, dit er det Guds vilje å hente oss. Vi er borgere av Guds rike, Paradis er vårt hjem. Jeg har et sted som er mitt paradis på jord. Kanskje du har et også? En egen fred fyller meg alltid der. Det er alltid tungt å dra derfra, godt å komme dit. Jeg er der ofte i tankene, og gjerne i virkeligheten også. Hvor mye større vil ikke da gleden bli i Guds Paradis! Fantasien er ikke stor nok , men vi aner at Bibelen sprenger våre grenser når den skildrer hjemlandet vårt.

Jeg vet min gjenløser lever, sa Job. Egentlig betyr dette løsningsmannen, en slektning som lik Boas som hjalp Rut, kommer til hjelp. Men her hos Job er noe mer. Job skildrer at han skal møte Gud selv, hans gjenløser, etter hans død. Da skal han få se Ham med egne øyne. Paulus sier noe av det samme: Da skal vi se ansikt til ansikt . Da skal vi forstå fullt ut, slik Gud kjenner oss fullt ut . Det er et sterkt syn Job skuer: Ei øde Jord der Gud som den siste trer fram. Alt annet er borte. Gud er Alfa og Omega, den første og siste. Og da bryter den nye Himmel og Jord fram. Job, og vi, skal få se Gud som Han er. Er det ikke dette som er målet for misjonen ,for oss alle, i alt det vi strever på med? Guds Paradis, vårt rette hjem. Vår forløser lever, og vi skal leve!

Andakt Johs 11, 25 – 27.

Vi har alle mistet noen. Døden kom og tok dem fra oss. Alt liv må dø. Men midt i en forgjengelig verden lyser håpet fra Jesus, håpet som Han sa til Marta ved Lasarus' grav: Jesus er oppstandelsen og livet.

Det er ved ei grav Jesus sier disse ordene. Jeg er oppstandelsen og livet. Situasjonen er ikke ukjent for noen av oss. Vi står ved så manges graver. Etter vår og sommer kommer høst og vinter.Alt eldes, alt liv må dø. Og vi kjenner til dette vonde skillet. At forgjengeligheten skjærer gjennom i livet. Da er det at Jesu ord lyser til oss med en virkelighet vi knapt kan fatte helt .Jesus er oppstandelsen og livet. Den som tror på Jesus skal leve om han enn dør . Det er ikke slutt når døden tar noen fra oss, når vi selv må gå den vegen. Jesus forkynner for oss en oppstandelse til evig liv. Åpenbaringsboka skildrer en ny Himmel og ei ny Jord. Der hele skaperverket gjenopprettes og skal leve i all evighet. Mennesker, dyr, planter og alt. Den som tror på Jesus blir med dit. Til Guds opprettede rike. Den som tror skal leve, selv om vi må dø her. Oppstandelsens morgen kommer og gir en evig dag.

Hver den som lever og tror på Jesus skal aldri i evighet dø. Jesus mente selvsagt ikke at vi ikke skal dø her. Men at den som tilhører Jesus allerede nå har det evige livet som blir synlig bak døden her. Tror du dette? Var Jesu spørsmål til Marta. Ja, tror vi dette? Det ser så endelig ut når alt i denne verden forgår. En ting er sikker, vi skal alle dø, sies det. Men det er ikke 100 % sikkert for alle. Lever vi ved Jesu gjenkomst rykkes vi rett opp til Jesus. Men uansett: En ting er sikrere: Den som tror på Jesus blir med i oppstandelsen og det evige livet. Jesus stod opp, Han lever, og vi skal leve. Tror du dette?

Marta sa: Ja, Herre, jeg tror! Hennes bekjennelse var: Jeg tror at du er Messias, Guds Sønn. Det samme kan vi bekjenne. Jesus er Messias, Frelseren, din og min Frelser, Guds Sønn som kom til verden. For å frelse oss fra vår synd og fra døden. Døden er ikke det siste. Den er blitt til porten og fergemannen inn til det evige livet i Guds Paradis.

Tror vi dette, må alle få høre om det! I misjonen forkynner vi Ham som er Herre over dødens makt. Til alle mennesker, som alle som en er under dødens og forgjengelighetens vilkår. Alt visner og alt dør. Men den som tror på Jesus skal leve om han enn dør. Ved Jesu oppstandelse ble vi frelst fra døden til evig liv.

Andakt Johs 20, 19 – 31.

Det er søndags kveld, 1. påskedags kveld. Disiplene har hørt den merkelige nyheten fra Maria Magdalena at hun har sett Jesus. Forvirrede og redde er de samlet bak stengte dører. Jesus ble drept i Påsken, hva kan ikke de vente seg nå når høytida er over og deres fiender fritt kan jage dem? Så forvandles livene deres på brøkdelen av et sekund. Jesus er iblant dem!

Jesus er oppstanden, døden er beseiret! Men disiplene vet det ikke. Redde og forsagte sitter de, med et innestengt liv. Livene deres er ødelagt. De kan aldri mer gå ut igjen som før. De vil alltid være jaget vilt.

Så står Jesus der. Shalom, fred være med dere. Er Jesu dagligdagse jødiske hilsen til dem . Og uten at de behøver be om det, legitimerer Han seg. Hendene og siden viser store sårgap etter korsfestelsen. Da ble disiplene glade! Nedtrykt taushet og stillhet ble til livlig prat i munnen på hverandre . Alle må fram til Jesus for å utøse sin smerte og glede for Ham. Arameisk Gallileadialekt i jubel og glede svirrer i lufta. Jesus sa jo også til dem før sin død at de skulle bli redde, engstelige, bedrøvede. Men deres glede skulle bli fullkommen, når de møtte Jesus igjen. Nå skjer det, nå er de glade. Der Jesus er, der er glede. Disiplene trodde på den oppstandne der og da. Gleden deres er tro. For tro gir glede.

Men en av dem var ikke med. Tomas, tvileren. Også før dette skildres han som han med de mange spørsmålene. Tenksomme, vurderende Tomas. Han er så menneskelig! Bibelen skildrer han og denne hendelsen så likt oss. Vi kjenner oss igjen .Uten bevis, ingen tro!

Nådefulle Jesus, Tomas får alle de bevis han bare vil. Jesus er tvileres venn .Men samtidig er Jesus bedrøvet over bristefull tro og tvil. Og Han sier at vi er de heldige, vi som tror uten å se. Vi skulle så gjerne sett Jesus, skulle vi ikke? Men vi er de salige, vi som tror uten å ha sett.

Jesus er oppstanden , Han lever! Og disiplene visste det ikke. Innestengt i frykt levde de, uten å ha hørt annet enn rykter om Jesus . Maria Magdalenas vitnesbyrd hadde ikke trengt inn i frykten. Men så møtte de Jesus. Rundt oss lever mange mennesker. I frykt har de stengt seg inne. Innadvendte lever de sitt stille liv. Men ingen vet de tanker de strever med . Går du til dem og viser at Jesus lever? At Han fortsatt setter mennesker fri? Kan du komme innenfor noen stengte dører og la dem få høre om Ham som forandrer alt?

Andakt Johs ev 8 ,12.

Kjente ord av Jesus! Verd å merke seg er når og til hvem de ble sagt. Til Israels folk, samlet til Sukkot, Løvhyttefesten .Jesus sprenger det nasjonale og løfter blikket mot hele verden. Han er verdens lys. Verd å nevne er at hvert år under Løvhyttefesten i Jerusalem samles i vår tid tusener av kristne hvert år for å vandre i byens gater, et vitnesbyrd om Han som er verdens lys. På Jesu tid tente man fakler og lys i Jerusalem. Hele byen lyste opp. Jerusalem var verdens lys .Fra Sion skulle Guds Lov utgå . Nettop i denne sammenhengen stiller Jesus seg fram og sier hvem lyset fra Sion er. Det er Jesus. Han som lyser fra Jerusalem like til verdens ende. Lys avslører alt, også synd. Men lys gir også håp og glede. Jesus er verdens lys, for Israel og så for hele verden .

Jesus er Lyset som avslører synd. Når lyset faller på våre liv vises alt vi prøver å skjule. Hva i ditt liv prøver du å gjemme bort? Dine mange fall og nederlag, hva gjør du md dem? Gjemmer du deg? Eller går du til Jesus med livet ditt?

Jesus er lyset som gir håp. Håp for en hel verden .Håp for deg. Midt i en mørk verden er Jesus Lyset. Uten Jesus fins ikke virkelig lys eller håp. Jesus gir håp som holder hva det lover. Det holder i denne verden, her i tiden. Og det holder i all evighet.

Jesus er lyset som viser deg vegen. Vegen til Himmelen. Han er selv vegen dit. Du kan ikke ta feil av vegen, Han har selv lovet å følge deg. Mange i denne verden lever uten dette håpet. De har lite eller ingenting hørt om det. Verdensmisjonens oppgave er intet mindre enn dette: Fortell all mennesker i hele verden, av alle folkeslag, at Jesus er verdens lys. At Han er frelseren, vegen, sannheten og livet. Da stråler Jesu lys inn i nye menneskehjerter og gir håp og glede. Du som kjenner Jesus, som hår fått Lyset: Er du med og gir Ham videre? Jesus er verdens lys. Lys skinner , det vises. Løft det høyt opp. Så det får stråle for alle mennesker i en hel verden.

Andakt Johs ev 1, 16.

Det fins et ord jeg er veldig glad i og glad for . Det avgjør liv og død for meg. Det passer veldig godt for meg, og jeg er helt avhengig av det. Kanskje du er det også? Det er noe jeg har fått og får hele tiden .Jeg har ikke råd til å kjøpe det, men jeg har fått det. Hva er det?

NÅDE. Dette gode ordet om det gode Gud gir oss. Det har blitt sagt: Nåden tar ingen hensyn til dyd og gode gjerninger. Den spør bare etter om vi er mennesker, og så kan vi ellers være hvem vi vil, keiser eller tigger, lyteløse i menneskeøyne eller tilsmusset av synd og skam. Nåden gjør ikke forskjell på dyd ellerr udyd, gjorde den det ville det ikke lenger være nåde . vi er frelst av nåde og skal leve av nåde hele livet. Som luften omringer oss hvor vi går, slik gjør også nåden med alle som kommer inn i Guds rike .

Hvor er det grunnlaget vi kan leve og dø på, hvor er det som holder når spørsmålet er Himmelen eller fortapelsen? Så mange sliter med livet. Så mange strever og bærer på skyld og sår .Tynget av tunge bører. Er Gud sint på oss? Ser Han på oss med sorg og bedrøvelse? Vi ser ofte slik på oss selv.

Så sier Bibelen at den som Gud frikjenner, den kan ingen fordømme. Ikke engang vi selv. Nåden e r balsam for trøtte mennesker. Den gjør at vi kan rette oss opp og se Gud og mennesker inn i øynene, uten frykt og skam. Den er gratis og fri. Og den gjør oss fri .

Den er gratis. Men kjøpt til oss ved et fryktelig kostbart offer. Slik ettergir den all gjeld. Alle lenker og bånd kan kastes av. Den er nok for livet, og den er nok i vår siste stund. Det er ingen kvaliteter i meg som kan sette noen plusstegn i mitt regnskap. Ser jeg på det blir jeg bare anfektet og tvilende. Så får jeg rette blikket på nåden .På Jesus som gir den. Han ser på oss, og smiler. Han sier: Jeg kaller dere ikke lenger tjenere, slaver, men venner. Nåden, det er at jeg i all evighet skal få være sammen med vennen min. Med Jesus.

Andakt Johs ev 6, 37 – 40

Et slikt budskap skulle en tro alle ville ta imot! Her er Guds vilje: Å gi deg frelse og evig liv. Midt i en verden full av død og elendighet sier Jesus: Jeg vil reise deg opp på den siste dagen. Til livet. Hvorfor tar så ikke alle imot dette? Har de ikke sett at kristen tro er Livet med stor L?

Alle de som Far gir meg-. Kommer til meg. Har du noen gang tenkt over hvilken verdi du har for Jesus? Du er ei gave fra Gud til Sønnen, Jesus. Du er gitt til Jesus. Tror du Gud gir dårlige gaver? Det er ikke tilfeldig at du en kristen. Du er gitt det, av Gud .Hvordan blir du frelst? Ved å komme til Jesus, dvs tro på Ham. Og den som kommer til meg , sier Jesus, skal jeg så visst ikke vise bort. Ingen blir utvist hos Jesus .Mennesker kan vende oss ryggen .Men hos Jesus er favnen alltid åpen .Er ikke dette et løfte vel verd å tro på?

For Jesus kom for å gjøre sin Fars vilje. Hva vil Gud med deg? Har Han noen hensikt med ditt liv? Ja, for det første: Han vil ikke at du skal mistes. Kan Gud miste noen? Dessverre kan Han det. Vender du deg bort fra Ham går du fortapt, Gud mister deg. Gud kunne jo tvunget deg til å bli hos Ham. Men Han respekterer valget ditt. Guds hensikt med deg er frelse og evig liv. Men du kan velge fritt å si ja eller nei . Oppstandelsen til evig liv er Guds vilje for deg. For alle ,uten unntak. Men du må ta imot .

Alle som tror på Jesus har evig liv. Er det mulig å tro på oppstandelsen og det evige livet? Alt i verden forgår jo, alt må dø og smuldre bort. Ingenting varer. Vi ser så mye nød og elendighet. Fins det noe håp? Ja, det fins, Gud skal skape alt nytt. På dette har våre forfedre gått til hvile. ¨Dagen er ennå ikke kommet. Men når Jesus kommer igjen skal Han reise alle som tilhører Ham levende opp. Til et evig liv sammen med Ham .Du er ikke bare et glimt eller et støvkorn i universet. Som ble til for så å forsvinne igjen. Du er uendelig verdifull. Høyt elsket av Gud. Du vil bli reist levende opp igjen på den siste dagen. Av Jesus. Med en bestemt hensikt. Gud ønsker å være sammen med deg i all evighet. Paulus kunne si: For meg er livet Kristus, og døden en vinning. Jesus gir Livet. Alle de som Far gir meg kommer til meg, sa Jesus . Er du blant dem som har kommet?

Andakt Johs ev 12, 42 -47.

Den som tror og ser meg, tror og ser Gud. Dette er Jesu klare ord. Om hvem Han er og hvem Han kommer fra. Han er lyset i mørket, ikke en dommer. Han er frelseren .Men Jesu ord skal dømme alle på den ytterste dag .På Gud, Fars, befaling har Jesus talt. De ordene skal vi bedømmes på. Tok vi imot Ham eller ikke? Guds klare vilje er evig liv for alle. Det er hva Jesus sier til oss. Nå er spørsmålet : Tar du imot eller ikke ?

Den som tror og ser meg, ser Gud. Det sier Jesus. Som Jesus er, slik er Gud. Vi trenger ikke være i tvil om hvordan Gud er. Jesus har i ord og gjerning vist Gud .Andre steder sier Jesus at Han og Gud er ett. Jesus er vegen, sannheten og livet. Ingen kommer til Far uten ved Ham .Det er utrolig frimodige ord Jesus kommer med. Til sist handler det ikke bare om at Jesus representerer Gud . Han er Gud selv, kommet som menneske. Gitt til oss til frelse.

Som lys er Jesus kommet til verden. Ingen som tror på Ham blir i mørket. Verden er mørk, men Jesus lyser i den. Der det er lys, der er det lyst. Det kan ikke være mørkt der det lyser. Lyset har den egenskap at det fyller rommet, og mørket blir borte. Du kan ikke være i mørket når du tror på Jesus. Der Han er , er det lyst. Vi kan kjenne på denne verdens mørke, i oss og rundt oss. Men har vi Jesus er vi egentlig fullstendig omgitt og fylt av lys. Det lyset som gir håp, og oppfyllelse, om Guds evige frelse.

Jesus er kommet som frelser, ikke dommer. Kristen tro er frelse for alle som vil. Jesus frelser, Han dømmer ikke. Dommen feller vi over oss selv hvis vi ikke tar imot frelsen, ved å stille oss utenfor den frelsen Han har gitt oss. De ord som Jesus har talt skal dømme til slutt, på den siste dagen. Men da er det ikke domsord som først og fremst skal dømme, men Jesu ord som frelseren. Oppgjøret vil rett og slett gå på dette: Tok du imot Jesus Kristus og Hans frelse?

For Guds ønske og befaling for alle er evig liv. Han vil være sammen med deg i all evighet. Den du elsker vil du gjerne være sammen med. Guds hovedønske er å være nær deg. Sammen med deg i all evighet. Evigheten er Guds langvarige kjærlighetstid. Der beviser Han den. Gud kan ikke elske oss nok. Han må ha en hel evighet for å vise oss sitt forhold til oss.

Andakt Johs ev 16, 16-22

Om en liten stund ser dere meg ikke. Dette er situasjonen for Jesu disipler. De skulle miste Jesus. Men så få Ham igjen. Det er tiden mellom Jesu død og Hans oppstandelse dette gjelder. Bare tre dager, men tre uendelig lange dager for dem .

Vi lever etter Jesu oppstandelse. Men venter på Hans gjenkomst. Vi ser Ham ikke, men skal få se Ham igjen. Så er spørsmålet: Hvor godt eller dårlig trives du i denne verden, mens du venter ? Hvor mye lengter du etter å se Jesus? Her kan det nok variere fra person til person .Og fra tid til tid. Disiplene skulle sørge, verden glede seg. Men sorgen skulle bli til den største glede. Vi vandrer i en verden langt fra Paradiset. Her går godt og vondt hånd i hånd. Men vi går mot en ny verden med glede. Vi skal se Jesus igjen.

Jesus skildrer disiplenes og også denne verdens tilstand fortreffelig . Vår tilstand i dette livet. Det er som ei kvinne som skal føde. Bibelen skildrer Jordas endetid som fødselsveer. Poenget er at en fødsel er nært forestående. Som en kristen er du allerede født på ny. Den nye fødselen er allerede skjedd med deg. Du tilhører den nye verden , du som er en kristen .Men ennå er vi i den gamle verden. Ennå venter vi. Under den gamle verdens betingelser og tilstander.

Her i verden vandrer vi i pendlingen mellom godt og vondt. Eller rettere sagt, i sammenblandingen av godt og vondt. Sorgen og gleden møter alle, om enn veldig ulikt fordelt. Det er jo nettopp noe av denne verdens betingelser, urettferdighet og forskjeller mellom mennesker. Og mange syns det kan bli lenge å vente i denne verden på Paradiset som skal komme igjen. Hvordan har du det nå? I en verden med godt og vondt, hvor befinner du deg?

Så sa likevel Jesus: Om ei lita stund. Det er likevel ikke så lenge igjen .Om ei lita stund skal rettferdigheten seire. Jesus kommer, og vi skal se Ham. Da gjenopprettes alt , så vondt blir godt. Da skal du få se at ikke bare så Gud alt vondt du opplevde i dette livet. Han tar et endelig oppgjør, og alt blir godt. Jesus sier et sted at du skal få din rett. Og Gud selv skal tørke bort hver tåre fra dine øyne. Om ei lita stund er Himmelriket i sin fulle og frie form her. Den nye verden, Guds Paradis, vårt rette hjem. Da skal du få glede deg sammen med Gud , og dele Hans glede over den nye verden . Om ei lita stund, husk det når du syns det drøyer og det ser ut til at alt er og blir det gamle.

livet her synes tungt. Om ei lita stund.

Andakt Johs ev 17 ,3

Så mange ser kristendommen som en hvilken som helst religion. Med systemer, regler, bud, alt som skal til for selv å heve seg opp til Gud . Så er det kun dette ene: Å kjenne Gud ,den eneste sanne , og Han Gud har utsendt, Jesus Kristus. Den som har sett Jesus har sett Gud. Du kan kjenne Gud, ikke bare anta ei rekke regler .

Og dette er det evige liv-. Her er livet, det evige livet. Ikke selv å presse seg opp til Gud. Men å kjenne Gud i et personlig forhold. Som barn av Gud. Dette er det evige livet, Himmelen, evigheten, å kjenne Gud, være sammen med Ham. Evig liv, det livet vi lengter etter i en verden med forgjengelighet og nød. Evig i lengde, evig i kvalitet, livet hos Gud.

Det evige livet er å kjenne Gud. Den ene sanne. Det er underlig å tenke på at Israels Gud er den ene sanne. At det er ingen Gud utenom Ham . Og det evige livet er å kjenne Ham . Ikke ei rekke uendelig strenge bud og regler fra en ukjent kosmisk kraft. Men et personlig forhold til en Himmelsk Far. Et du-jeg forhold. Ikke en trussel fra det ukjente. Men et nært forhold.

For det evige livet er å kjenne Jesus, Han som Gud har utsendt. Den som har sett Jesus har sett Gud ,sa Jesus selv. Hvordan er så Jesus ,og dermed Gud? Hva kjennetegner Jesus? Mye ,men her noe:

Han er full av nåde, av sannhet, behandler alle likt, rettferdig. Barmhjertig og full avmiskunn. Han ga alt, seg selv, for oss. Kjærlighet er Hans største kjennetegn .

Han gir nåde og ikke fordømmelse. Føler du på selvfordømmelse? Du er vel ikke fullkommen ,du heller? Kjenner du Gud? Kjenner du Ham som streng og fordømmende? Da kjenner du Ham lite. Han er full av nåde, Hans hovedønske med deg er nåde og frelse. Gud er sannhet. Jesus inngikk aldri kompromisser. Det var noe av dette som ga Ham så mange fiender. Kanskje er det dette som forarger så mange med Gud også i dag? Guds sannhet gjennomskuer oss. Kjenner du Gud som sannhetens Gud? Han som kjenner sannheten om deg også? Han er rettferdig, Han gjør ikke forskjell på folk. Kanskje vi ikke alltid er like sikre på det? Hvorfor må jeg tåle så mye motgang, mens andre surfer glatt gjennom sine lykkelige liv? Men så er livet ikke bare å kjenne andre mennesker. Det er å kjenne Gud. Da blir livet levd i et annet perspektiv. Da ser vi hvor god Gud har vært mot oss.

Andakt Johs ev 21, 9 – 17.

Bakgrunnen her er at noen av Jesu disipler var dratt ut på fiske på Genesaretsjøen. De venter i Kapernaum på at den oppstandne Jesus skal møte dem der. Men Han ser ut til å utebli. De vender tilbake for ei kort tid til sitt gamle yrke for å skaffe mat til seg og sine familier. De drev med nattfiske. Men denne natten fikk de ingenting. Helt konkret betydde det sult for familiene, men det kjentes også som om ingenting lyktes for dem lenger. Så kom Jesus. De kastet garnene ut igjen. Og fikk garnene så fulle av fisk at de truet med å revne. Det vi så får høre er et spesielt møte mellom Peter og Jesus .

Peter hadde fornektet Jesus .Et nederlag som sved sterkt. Han hadde fulgt etter Jesus like til yppersteprestens gård. Der fikk han 3 ganger spørsmålet: Du hører vel Jesus til, du? Og 3 ganger svarte han nei! Det ble et sårt minne om svik og fall. Og en ødelagt Peter ønsker bare å få den natten om igjen, med en sjanse til å gjøre det godt. Alle 3 gangene skjedde ved et bål, en kullild, på en gårdsplass i Jerusalem. Peter minnes en kullild, 3 spørsmål, 3 nei, fall og svik.

Jesus hadde i sin store omsorg for Peter planlagt nøye hvordan oppreisningen av Peter skal skje .Peter skal få oppleve at ikke bare har Jesus tilgitt alt. Han skal få full oppreisning, og få tjene Jesus på nytt. Jesus satte i scene en ny sjanse for Peter .Peters fall skjedde ved et bål. Idet han vasser i land på stranda utenfor Kapernaum og møter den oppstandneJesus , ser han bålet og Jesus, og minnes et tidligere bål med smerte. Situasjonen er lik hans fall. Men der ved det nye bålet får Peter en ny eksamen . Og får gjøre alt godt igjen .Han får igjen 3 ganger spørsmål om sitt forhold til Jesus .Et for hver fornektelse .Sviket fra natten i Jerusalem slettes ut ved 3 ja fra Peter ,et ja for hvert tidligere nei. Hvor omsorgsfull Jesus er i sin behandling av Peter. Ikke et ord om synd og fall, bare ny sjanse. Så får Peter bekjenne åpent: Jesus ,du vet alt om meg. Jeg har deg kjær! Og Jesus har bruk for ham. Peter opplever igjen at Jesus regner med ham. Fø mine lam, vokt mine sauer! Pinsedag står en høvding fram og forkynner evangeliet i Jerusalem. En forvandlet Peter. Nåden gjorde alt.

Også du og jeg har ofte falt. Skuffet oss selv og andre. Det ble til såre minner og svie. Så kom Jesus og gjenopprettet alt. Du får også spørsmålet: Elsker du Jesus? Da blir nok ofte svaret : Jesus, du vet alt. Du vet jeg har deg kjær, men..Så møter du en Jesus som tar bort ditt men. Du får ha Ham kjær, slik Han elsker deg. Så får også du høre: Jeg har bruk for deg. Gå i fred og tjen Herren med glede.

Amen.

Andakt Josva 1, 9.

Josva og Israels folk står foran en stor forandring. Fra å være ørkennomader til å innta og ha eget land. Da får Josva de største løfter som tenkes kan: Gud er med ham og folket i alt de gjør. Hva står så du foran nå? Trenger du det samme løftet fra Gud? Mist ikke motet, Gud er med deg i alt du tar deg fore.

Josva og Israelsfolket stod foran Jordanelven. Problemet var å krysse den .Var den så stor da? Vil noen si, og henvise til dagens lille størrelse på denne så kjente elven. Men de skulle ikke bare krysse ei elv, de gikk inn i et land som ikke bare var lett å ta. Problemer stod i kø. Krigshistoriene her og ellers i Bibelen kan være vanskelige å forstå og kombinere med en kjærlig Gud. Som elsker alle mennesker. Men likevel ser vi i historien om Josvas erobring av landet et stort budskap: Problemer stod foran, men Gud var med, og problemene ble løst. Men steg for steg!

Hva står så du foran nå? Du vet nok hva tankene streifer av og til av utfordringer i livet. Ingen av oss er vel ukjente med problemer. Har du ei elv som krysses eller byer som må inntas? I livet og i arbeidet for Guds rike ,hva står du foran nå? Kan du trenge en påminnelse om at Herren din Gud er med deg i alt du gjør?

Videre med Gud er mottoet for en kristens liv. Josva og folket stod foran vanskelige oppgaver. De skulle innta løfteslandet. Løftene var tydelige og greie, landet var gitt til dem .Men de måtte likevel kjempe for det. Her har vi interessant paralleller. Vi står foran livet og tjenesten videre. Men likevel må vi kjempe troens og livets gode strid. Vå må ofte kjempe oss fram .Vi har ingen løfter om at alt skal gå bare glatt og lett. Likevel har vi mange løfter om at Gud er med oss i alt! Et slitesterkt og holdbart løfte.

Vi får gå videre i liv og tjeneste, videre med Gud. Herren din Gud er med d eg i alt du tar deg fore .Et løfte så stort at vi viker tilbake fra å ta det bokstavelig i alt. Men det står sånn. Våg å tro det. La det fylle deg med glede. Du står også foran mye i livet. Du vet selv best hva det er. Hva vil framtida bringe? Vi ønsker ofte å kunne se langt inn i den .Men vi kan jo bare se og gå steg for steg. Med løfter fra Gud som holder, uansett. Han har jo sagt deg: Vær modig og sterk. La deg ikke skremme. Mist ikke motet. For Herren din Gud er med deg i all din ferd.

Hva trenger vi egentlig? Vi kan se framover, og vite at Gud går med oss. Ikke fordi vi er så fortreffelige i alt. Men ene og aleine fordi Gud er trofast og god. Gud er med deg. I alt. Hva mer trenger du å vite?

Andakt Lukas ev 13, 6 – 9

Gud er en vingårdsherre. Verden er vingården Hans. Han hadde sin store glede i å dyrke den . Den ga rik frukt. Og bar preg av å være skapt av en god mester. I denne verden er du. Du er et fikentre. Fikentrær skal bære frukt . Det er derfor vi har dem.

Men så var det dette med frukten, da, Hagen er ikke helt den samme lenger, etter syndefallet. Uskylden og reinheten er borte. Og du er ikke den du skulle vært. Hva tror du Skaperen syns om deg? Du er et fikentre. Hva syns du om deg selv? Hva føler du Gud syns om deg? Hvilket bilde har du av deg selv? Bærer du rik frukt, syns du at du gleder Gud med livet ditt? Eller føler du ofte at Han må bli lei av deg, at du tråkker på Ham og Hans gode vilje for livet ditt? Mestrer du alt, eller lider du nederlag i livet?

Gud har skapt verden . Og i denne verden skapte Han deg. Og midt i denne verdens syndefall står du, lever du. Under ufullkommenhetens tvangsbyrder. Det er virkelig ei tvangstrøye. Blir du ofte lei av deg selv?

I teksten vår leser vi om vingårdsherren som år etter år kommer på inspeksjon. Det er Gud som ser på ditt liv. Du er fikentreet. Finner Han kjærlighet, tålmodighet, reinhet, hellighet? Eller finner Han ukjærlighet, egoisme, synd, grådighet? Ja, hva skal vi si når vi møter vår Skaper? Han ventet det gode, men det ble synd! Skaperen din på inspeksjon, hvordan opplever du det? Pinlig? Når vi møter Gud, hva kan vi si? Vi har vel egentlig ikke noe forsvar, hva?

Men så er det en god gartner i hagen. Han er der hele tiden. Han steller og dyrker, Hans glede er trærne i hagen .Denne gartneren har gitt livet sitt for trærne sine, Han elsker dem. Og særlig ser Han på ett av dem . Dette treet elsker Han. På en særskilt måte. Det trenger det. Og treet, det er du. Du som syns at Gud må gi deg opp. Denne gartneren er frelseren din .Når du er sammen med Ham trenger du ikke frykte for inspeksjonen fra Gud. Når du er sammen med Jesus har du en som skjuler din synd. Som har gjort opp for deg, som ber for deg.

Dette kalles nåde. Så enkel er den. Du er sammen med Jesus . Du får nåde. Han har tatt bort all fordømmelse, Også din egen .Så er det da ingen fordømmelse for den som er i Kristus Jesus .

Andakt Lukas ev 18, 9-14

Innenfor eller utenfor? Hvem skal bedømme og bestemme hvem Gud vil ta imot? Hvem er frelst og hvem ikke ? Det er sentrale spørsmål som stilles her. Det blir et alvorlig spørsmål. Hvem er frelst? Hvordan vet du at du er frelst?

Det var stor forskjell på de to mennene som var i Templet denne dagen. Fariseeren er skrytende i sitt Gudsforhold. Han takker og priser Gud for at alt er i orden med ham. Jeg tror neppe noen av oss ville prøvd oss på noe så direkte. Skrytelister overfor Gud passer ikke helt for oss. Men i vår kristne avsky over en syndig verden , hvor ofte har vi også tatt avstand til denne verdens mennesker? Og om vi ikke direkte skryter overfor Gud at det er bedre stilt med oss,så må vi vel være så ærlige og si at vi ofte føler oss bedre enn mange andre mennesker. Og det er vel en del synder vi mener oss å ha unngått, synder som mange andre har gjort.

Tolleren stod det dårlig til med. I all fall i yngres og andres øyne. Men forunderlige sannhet ; ikke i Guds øyne. Her var det ikke mye sjølforakt . Ingen lange bønner, heller. Bare dette: Gud, vær meg arme synder nådig! Hva er forskjellen, siden den ene ble rettferdig for Gud, den andre ikke? Forskjellen er nåden .Fariseeren i Templet hadde ikke bruk for den. Tolleren bad om den. Og her er kjernespørsmålet og svaret: Hvem blir frelst? Svaret er: alle som ber om nåde. Ganske enkelt fordi det er eneste vegen til Gud, for både såkalt fin og stygg.

Derfor kunne vi nok bli overrasket over hvem som er frelst og hvem ikke. Det er ikke slik at alle pene og dannede mennesker faller utenfor , men de glemmer så altfor fort nåden. Enda mer overrasket kan vi bli over alle de såkalt mislykkede som i Guds øyne er frelst og rettferdige, Jesus talte om at tollere og prostituerte faktisk kunne komme til Himmelen. Bomser og slusker kan også likeså.

Hva så med oss? Hvor står vi? Hvordan kan du vite at det står rett til med deg? Tror du på, du om Guds nåde? Bygger du din tro på Jesus og at du får alt av Ham? Kan du ganske enkelt ikke klare deg uten Jesus?

Andakt Lukas ev 18, 1 – 8.

Det er makt i de foldede hender. I seg selv er de svake og små, synger vi i en kjent salme. Vet vi hvilken makt det er i bønn? Den virker så puslete og liten .

Bibelen oppfordrer til stadig bønn .Be, og dere skal få! Det er et løfte uten grenser. Og vi våger ofte ikke tro det helt. Vi er så vant til å måtte streve for alt. Intet får du gratis ,er verdens slagord. Men Guds Ord er betingelsesløst. Be, og du skal få! Hva er du opptatt med for tiden? Be, og du skal få! Mange steder setter Guds Ord opp betingelser for bønn og bønnhørelse. Om dere blir i meg, sier Jesus. Da be, og dere skal få det. Det er noe om at forbindelsen må være i orden .Ber du Linjegods sende deg noe må jernbanelinjen eller vegen være i orden .

Ofte ber vi, og får ikke noe svar. Eller vi må vente. Jeg minnes ofte på at jeg selv er et tålmodighets bønnesvar. Mi mormor bad lenge før jeg ble til at noen av hennes familie måtte gå inn i heltidstjeneste for Gud .Hun døde da jeg var 6 år .Kallet mitt til predikanttjeneste kom i tidlige gutteår. Etter at hun som bad var gått bort. Hun fikk ikke se svaret på sine bønner. Men det kom! Du er også et bønnesvar for noen . Har du tenkt på det?

Profeten Daniel bad mye til Gud. Svaret lot vente på seg. Da engelen kom fram med svaret fra Gud var det gått 3 uker. Engelen kunne fortelle om harde kamper undervegs i den åndelige verden. Disse hindret lenge svaret. Hvorfor drøyer det ofte med bønnesvar? Det er svar undervegs, engler kommer med bud, sier en kjent salme. Men vi lever i en verden med mye åndskamp. Guds engler kjemper mot ondeåndsmakter omkring oss. Mer enn vi aner. Englene kjemper seg fram til deg med svaret, de vinner alltid, men det kan ta tid!

Guds Ord oppfordrer til bønn og forbønn.Til vedvarende bønn. Hvorfor? Kan ikke Gud svare uten? Vet Han ikke hva vi trenger? Jo, i høyeste grad! Men bønn er et åndelig våpen, en makt, en kraft. Som bærer svar fra Gud fram. Engler kjemper i åndeverdenen. Bønn virker på forunderlig vis inn i denne kampen, til seier. Til svar, engler kommer med bud fra Gud! Vær frimodig i bønn, du kjemper med Guds engler i striden!

Teksten vi leste forteller at Gud gjerne gir oss vår rett. Og det snart! Når denne korrupte dommeren til sist gir etter, hvor mye mer vil ikke vår Himmelske Far gi oss alt godt? Men Jesus sier til slutt: Vil jeg finne troen når jeg kommer igjen? Bønn forutsetter tro. Tro på den Gud som elsker oss og vil gripe inn. Vår tro vakler ofte. Men hør, det kreves ikke overmenneskelig tro i egen kraft ,men tro er i egen svakhet å komme til Gud og si at jeg selv ikke klarer noe. Hjelp meg nå du, Gud! Det er tro, nok! Da kan Gud slippe til. I Guds rike er skrøpelighet styrke.

Be, og du skal få. Det kan drøye med svaret. Men svar er undervegs. Svaret kan bli nei. Gud vet best. Det kan bli vent litt. Gud vet best om tiden .Det kan bli ja. Uansett, svaret kommer. Fra en Gud som elsker deg. Be, og du skal få. Til sist: Jesus sier at vi skal få vår rett. Og det snart. Så nevner Han at Han skal komme tilbake til oss. Ikke minst da vil du få din rett, de svar du trenger. Frelse og evig liv. Og svaret på alle gåter.

Andakt Lukas ev 22, 54 – 62

Du kan nesten undres over om denne triste historien er noe å stanse ved? Er det noe evangelium her? Hvorfor dvele ved et fall? Men kan du kjenne igjen din egen menneskelighet her? Ånden er villig, men menneskenaturen er svak . Det er vel velkjent?

La oss stanse ved ordene: Da vendte Herren seg og så på Peter. Ser du evangeliet? Tror du Jesus ser deg? Hvordan ser Han deg, hva ser Han? Jesus vendte seg og så på Peter. Hva tror du det blikket sa? At alt vennskap og kontakt fra nå av opphørte? At Peters fornektelse av Jesus betydde at Jesus fornektet Peter? Jeg tror det var et blikk som sa: Peter, jeg har et forhold til deg ,selv om du nekter for menneskene at du har med meg å gjøre. Er du troløs er jeg trofast. Dette blikket fra Jesus dømte Peter, men det frelste også.

Hvis Jesus ser på deg, hvordan ser Han på deg? Og hva tror du Han ser? En synder, men ser Han noe mer? Du skulle vel ikke være verdifull for Jesus? I Bibelen står det at Gud lar sitt øye hvile på deg, og gir deg fred .Fred, ikke fordømmelse. Fred til og med fra dine egne fordømmende tanker. Tror du ikke Jesus ser deg slik du er når du er skjult i Ham , Han som har tatt på seg dine synder? Han ser ikke synderen ,men ser deg hellig og rein . Frelst.

Hvis andre ser på deg, hva ser de? Hvordan ser de på deg ? Vi mennesker feller så ofte feilaktige og forhastede dommer. Vi dømmer så ofte, men hvor mye elsker vi? Ikke rart da at du ofte kjenner trang til å skjule for andre hvem du er. Hvem ønsker mer enn nødvendig å blottstille seg for menneskers dom?

Så annerledes da med Jesus. Han ser på deg, men uten at det er noen trussel . Hans ærend er: Hvordan kan jeg få elske deg ? Kjærlighet og nåde er Jesu spesialitet og varemerke. Og du trenger vel noe av det, du også? Trenger du å bli verdsatt, sett, elsket ? En som ser til hjertet, og ikke bare det ytre, dine prestasjoner eller mangel på dem?

Jesus er ingen trussel. Han har all makt i Himmel og på Jord. Han kunne slått deg til bakken med ett blikk. Men Han ser heller på deg med dette spørsmålet : Hva vil du jeg skal gjøre for deg i dag ? Hva svarer så du? Hva vil du Jesus skal gjøre for deg ?

Andakt Lukas ev 23, 39 – 43.

På ei velkjent høyde i Jerusalem stod en gang tre kors. I midten var Jesus. Og på hver side av Ham en dødsdømt røver. Det fortelles at det var forskjell på de to. Den ene av dem fikk der og da gjort opp sitt livs regnskap. Og han er vel den eneste vi kjenner til som fikk høre direkte fra Jesus: I dag skal du være med meg i Paradis!

Det regnes ofte med tre forutsetninger for å være en kristen. For det første at en har gjort det en kan. Mao satt alt inn på å holde de 10 bud og det vi lærer i Bergprekenen. For det andre : I framtida vil jeg prøve å bli enda bedre. Ikke minst bli et bedre medmenneske. Og for det tredje: Ha ei sterk tro. Dukker tvil opp i sinnet, må denne helst skyves langt ned i bevisstheten, for ikke å si underbevisstheten igjen, og gjemmes godt. Der ligger den gjerne og murrer og vil opp igjen, men en kristen tviler ikke, så gjem den godt.

Hvis dette vi nå har nevnt var betingelsene for å være et Guds barn, da var røveren på korset sjanseløs. Det som lå bak ham var et bortkastet liv i forbrytelser og synd. Og nå venter en grusom død. Han hadde ikke gjort så godt han kunne i livet. Alle kan bedre enn det han hadde gjort. Hadde han vært et godt medmenneske? Svaret er gitt. Nei. Og han hadde ingen framtid å tilby Gud med løfter og muligheter om forbedring. Ingen gode gjerninger å vise fram. Han henger fastspikret til et kors og kan jo ikke røre seg. Der og da skal livet hans ta slutt. Hadde han noen sterk tro? Det virker ikke akkurat sånn.

Denne røveren manglet alle de tre forutsetningene vi nevnte for å være en kristen. Men hos han finner vi de virkelige forutsetningene for å være et Guds barn. For det første: Han innser at han er en taper. "Vi får bare igjen for det vi har gjort". For det andre ser han at Jesus er Guds Sønn. Hvordan kunne han se det, ingen andre så det da? Aner vi at Guds Hellige Ånd har sagt ham noe i hans nød? For det tredje: Han ber til Jesus . Hvor ofte hadde han bedt før i sitt liv? Den troen han hadde var nok så spinkel at vi knapt tør kalle det tro. Det var nok! Han ba om en tanke: "Jesus, husk på meg når du kommer i ditt rike!" Han fikk hele Paradis til svar! Når ei ny bru skal åpnes er ofte de framstående og ledende samlet. De fineste går som regel først over brua etter at båndet er klippet. Slik var det i alle fall før . Ved Jesu korsdød på Golgata ble ei bru åpnet. Mellom Gud og mennesker. Ved innvielsen der på Golgata var en mann verdig til å gå som førstemann over. Han hadde ingen verdighet. Men han gikk sammen med Jesus .Slik viste han oss vegen til Paradis. Går du sammen med Jesus? Da har du fått samme nåden som røveren fikk. Han viste oss vegen til Paradis.

Andakt Lukasev 15, 1 – 10

Det var EN beskyldning mot Jesus som faktisk var sann . Han tok imot syndere. Og åpenbarte med det Guds hjerte. Han gleder seg over hver eneste synder som vender om. Hvor er så vårt hjertelag? Er vi glade i synderne, eller viser vi avsky?

Alle salgs åpenbare syndere holdt seg nær til Jesus, og hørte på Ham. Jesus virket som en magnet på dem .Det var tydelig at Han brydde seg om dem, og tok imot dem. Men fariseerne og de skriftlærde mislikte dette, Jesus hadde jo fellesskap med skitne syndere! Her er vi inne i en problemstilling som kristenfolket ikke alltid har taklet helt. Forholdet til denne verdens synd og syndere. Jesus var en magnet for syndere, er vi det samme? Er det det vi er mest kjent for? Vårt forhold til syndere, er det avsky eller kjærlighet? Prinsipper eller varme? Vi er så vant til å avsky synden i eget og andres liv, og skal det. Men vårt forhold til mennesker som synder, elsker vi dem? Tåler vi å være sammen med dem , for å vinne dem for Jesus, og uansett vise dem Guds kjærlighet?

Jesu to lignelser viser Guds sanne ansikt og hjerte. Den vakre historien om hyrden som hadde 100 sauer ,men mistet 1, hvor mye forteller den oss om en Gud som elsker?En Gud som ikke slår seg til ro, men leiter etter den bortkomne sauen til Han finner den .Og når Han finner den blir Han glad, tar den på skuldrene og bærer den heim. Vi kjenner bildet! Ja, ikke bare det, når Han kommer heim kaller Han sammen naboer og venner og ber dem glede seg sammen med Ham .Kan det tenkes større glede enn gleden over den bortkomne sauen som er funnet og berget heim?

Kvinnen som hadde 10 sølvpenger og mistet den ene, forteller aldeles ikke om en gjerrigknark. Men om ei som verdsetter alle så høyt at hun ikke kan la være å leite etter den forsvunne mynten til hun finner den igjen. Og gleden er stor ved gjenfunnet!

Både om sauen og mynten som var borte fortelles det om stor glede sammen med venner og naboer når de er gjenfunnet. Kan du se og høre festen? Og Guds Ord sier rett ut at det er større glede i Himmelen over en synder som vender om enn over mange rettferdige! Gud er ikke en gjerrigknark som fryder seg over å knipe syndere på fersk gjerning, som endelig fikk arrestert noen. Han er raus på kjærlighet. Samvær med Gud er ikke et fengsel .Men frihet. Vi lever i en verden i stor nød og mye synd, det mangler ikke på det! Og vi undres ofte over Gud, hvorfor gjør du ikke noe med det vonde? Men det gjør Han! Han er en Gud som leiter! Leiter etter syndere, til Han finner dem .Oppgjøret med en vond verden kommer. Men før det er Han en Gud som leiter etter bortkomne og forkomne syndere.

Kan det tenkes at Gud ønsker å bruke deg til dette? Er du en av dem Gud bruker til å leite etter mennesker? Er du magneten som drar dem nærmere deres Far i Himmelen? Det er ikke noe tungt og vanskelig Gud ber oss om .Bare dette å fylles mer av Guds hjertelag. Slik at vi kan omgås mennesker med et varmt streif av Guds nåde. Gud er nådig. Er du nådig? Tåler du å være sammen med åpenbare syndere og vise omsorg istedenfor fordømmelse? Går du Guds ærend i en vond verden? Gud leiter etter synderne, leiter du?

Andakt Lukasev 24, 13 – 35

Trenger du forandring i ditt liv? Det kan vel noen og enhver! Det er fort gjort å gå og stirre med i bakken og bli mismodig .Fortellingen om Emmausvandrerne kan lære oss alle litt av hvert. Forandringen der ble stor .Fra å si "og vi som hadde håpet.. til et møte med den oppstandne !

To deprimerte menn går til Emmaus. De samtalte om problemer. De var i alle fall ikke aleine!Men likevel kjentes det nok ensomt . Jesus var blitt borte for dem. Og nå truer forfølgelse og død. Livet var tungt og trist. De har hørt snakk om at Jesus er oppstått - Men hva skal de tro? Slikt har aldri skjedd før, det er jo umulig-

Så plutselig er Jesus midt iblnt dem. Og går ved siden av dem på vegen. Noe hindret dem i å se at det var Ham .Utfra skriftene legger Jesus ut om seg selv.

Hvordan har du det for tida? Går du med problemer som senker blikket mot bakken?Hvem av oss kjenner vel oss ikke igjen her? Lengter du etter igjen å kjenne Jesu nærvær, at livet smiler til deg? Det er ikke alltid like lett å kjenne Jesu nærvær. Noe hindrer oss i å se. Vi kjenner oss så alene. Så er Han der likevel. Han ser deg lenge før du ser Ham.

Noe brant i Emmausvandrerne .De merket at noe dro dem nærmere den ukjente medvandreren .bli hos oss! Ber de. Vi vil høre mer!Det var så godt å høre på Jesus. Om vi ofte ikke kjenner Jesus så nær merker vi likevel at noe brenner i oss. Jesus er der Andre kan ikke kjenne så godt hva du går og tenker på. Men Jesus vet det. Ved måltidet kjente Emmausvandrerne plutselig Jesus igjen. Øynene ble åpnet. Har du opplevd at plutselig kjente du Jesu nærvær på en ny måte? Han var der hele tida. Men plutselig var det noe som vekket deg.,

Tett ved sida mi går Jesus . Alltid vil han være der. Eg treng ikkje gå og ottast når eg følgjer Jesus her. Vi er ofte engstelige. Forstår ikke alt. Men i alt du går og bærer på er Jesus nær, Han som kan gjøre det umulige. Han er hos deg. Gi aldri opp . Jesus er der!

Andakt Matt 11, 25 – 30

Hvem er store ,hvem er små, hvem er vellykkede, og hvem er mislykkede? I vår verden måles det ofte i kroner og øre, karriere og titler, ære og makt. Jesus snur alt dette på hodet og går rett til saken: Det handler egentlig om å søke Ham og den hvilen Han gir. Komme til Ham med alt det vi strever med.

Guds vilje er: Jesus åpenbarer seg mest av alt for de umyndige og små. For de vise og forstandige er det ofte skjult . Denne verdens visdom blir gjort til skamme i møte med Gud. Hvem er egentlig den store og kloke? Det er den som i sin ringhet kommer til Jesus og finner hvile hos Ham. Slik lærer vi å kjenne vår Himmelske Far . Ved at Jesus åpenbarer seg for oss. Men dette skjer bare hvis vi er villige til å bli små nok. Innse vårt sanne behov, som er nåde, Guds nåde.

Kom til meg, alle dere som strever. Som bærer tunge byrder. Jesus gir virkelig hvile. Hvilke byrder er det Jesus tenker på? Mest av alt vårt strev etter å behage Gud og hverandre. Alt vi aldri blir gode nok. Vi måles etter suksess. Etter hva vi har oppnådd i livet. Hvor god cv vi har. Overfor Gud strever vi også. Frykt for ikke å være gode nok. Men det handler også om de mange andre byrder i livet vi har. Mas og jag, nerver og sjukdom, motgang og trøtthet. I all motløshet kan vi komme til Jesus. Han er mild og ydmyk . Han slår ikke, kritiserer ikke. Det er ingen fordømmelse hos Jesus. Vi trenger aldri være redde for å møte Ham.

Jesus gir nåde og frelse. Nåden er balsam for vårt strev. Vi blir aldri gode nok, men Jesus er god nok for oss! Når vi kommer til Ham møter vi en åpen favn. Ikke strenghet og uberegnelighet. Et Guds barn er en som får glede seg til å være sammen med Jesus . Alt er i orden, Jesus har gjort oss fri fra selvforbedringens tyranni.

Jesus er vår tilflukt når livet gir byrder. I all din sorg får du komme til Ham. Vi får være som barn som gang etter gang får komme heim. Får plaster på sårene, trøst og omsorg. Får sann mat vi kan leve av. Vi møter en som forstår oss, både når vi klarer å be med ord, og når vi ikke en gang selv forstår oss selv. Jesus gir hvile for sjelen. En hvile midt i en kaotisk verden . Han er vårt sanne holdepunkt i livet. Kom til meg, sier Jesus. Dette gjelder alle. Også deg.

Andakt Matt ev 6, 24 – 34

Hvor ofte bekymrer vi oss for frokosten før vi står opp, om vi får den? Hvor mange av oss er redde for at det ikke skal være mat å få? Hvor mange av oss er redde for ikke å finne klær å ta på oss? Kanskje ikke så mange av oss er det. Andre i andre verdensdeler er det. Men tilbake til oss her i vår del av kloden: Hvor mange av oss har vært redde eller bekymret i det siste? Jeg tror vi alle kjenner oss igjen i disse ordene av Jesus. Vi er nok ikke særlig bekymret for mat og klær. I velferdsNorge har vi det. Men hva med alt det andre? Hva går du og gruer for for tida? Vi voksne er nok ikke så bekymret for mat og klær. Men vi strever veldig med all jobbingen for å skaffe alt vi trenger. Og stadig er det mer vi syns vi trenger. Og jo mer vi skaffer oss, jo mer er det å være redd for. Travelhet og stress gir bekymringer. Vi har alle slags metoder for å få gjort mye på kort tid. Data og mobilteknologien er effektivitetsmidler. Men kravene til hva vi vil oppnå stiger deretter. Helse og trivsel er en utfordring selv om vi aldri har fokusert mer på sunnhet enn nå. Tjener vi både Gud og Mammon, er det dette jaget som gjør oss så utbrente? Og så ser vi all ondskapen i verden. Nyhetsbildet roper det til oss. Og vi lurer på hvordan det skal gå med dem som skal vokse opp? Hvilken verden er det egentlig vi lever i?

Kanskje er de som er flinkest til å høre på Jesu ord barna. Vær ikke bekymret for morgendagen .Hver dag har nok med sitt, sa Jesus. Og hvem gjør vel det bedre enn barna? Som leker i dag og har denne ene dagen . Uten tanker for kommende dager. Så kan vi voksne snusfornuftig legge til: Det er jo ikke rart barna er ubekymrede, de vet jo ikke bedre. Og de slipper jo bekymringer, det er jo vi voksne som passer på dem. Nå er jo det å si – altfor mange barn bekymrer seg fordi de ikke har det så godt som vi tror .

Likevel, det er jo nettopp det Gud har sagt. At Han passer på oss. Så vi skal slippe å bekymre oss. Han er vår Far. Han er allerede i morgendagen vår. Når vi går ut i dag eller i morgen kan vi se etter to ting: Fuglene, hva lærer vi av dem? Jo, de finner mat i dag, og lever nå. I morgen er en annen sak. Og se på blomstene. På graset. Hva har de gjort? Ingenting. Men hvem ga dem skjønnheten? Gud! Hvem vanner og nærer dem? Gud! Når Gud passer på fugler og blomster ,da kan Han også passe på oss. For vi er verdifulle for Ham. Mer verd enn mange spurver, sa Jesus . Vi er Guds barn, Gud kjenner oss og er glad i oss. Vi har så lett for å glemme det . At Gud er glad i oss. Heldigvis glemmer ikke Gud å elske oss. Herren er nær.

Andakt Matt ev 27, 11 + 27-31, Matt ev 21 ,1-11.

Konge er du visst. Slik synger vi om Jesus i en salme. Jesus er Messias, den salvede Frelserkongen. Han er konge, men en totalt annerledes konge. Han kom ikke for å herske, men for å tjene. Han red inn i Jerusalem Palmesøndag på et esel. Og Han ble kongekledd som en narr rett før Han vandret til Golgata. Likevel er Han Verdens Konge. Og Han er Frelserkongen din.

Jesus er Messias, Guds salvede Frelserkonge. På gresk heter det Christos, Kristus . I Jesu samtid ventet man frelserkongen, men på mange måter mer som en politisk frigjører. Frigjører ble Han. Men på en annen og mye større måte. Mitt rike er ikke av denne verden ,sa Jesus. Og mente ikke med det at det er noe puslete ,smått eller diffust. Hans rike er så mye større, det har brutt inn i denne verden og innbyr mennesker til å bli med dit .

Tenk deg hvis Jesus hadde kommet som forventet. Frigjort folket, kastet ut Romerne. Gjort Israel fritt og stort. Vel og bra. Men hvor lenge ville et slikt rike vare? Det ville vært et jordisk rike, for hvor lenge? Hva med de mange som trenger frelse for tid og evighet? Forventningene om en frigjører var mye for små, Han kom til noe mye større! Det er godt Han kom som en evig frelser isteden. Så får også vi og alle være med i Kongeriket. Jesu rike. Og ikke bare en generasjon eller to den gangen.

Jesus er den ydmyke Frelserkongen . Født i ei grotte i Betlehem, vokste opp i fattigdom, red inn i Jerusalem på et esel, gikk til Golgata for oss. Han er annerledeskongen, som kom for å tjene, for å frelse. Han er Messias, Frelseren. Vi vil hylle og bøye oss for Ham, ja, men aller mest er det slik at Han kom for å bøye seg og tjene oss. Ved Nattverden var det Han som vasket disiplenes føtter. Og Han bøyde seg under korset for oss. Jesus er annerledeskongen.

Så er også vi kalt til å være annerledes. Et annerledes folk under en annerledes konge. Vi er satt til å tjene hverandre. Ikke ved enhver anledning søke å utnytte vår neste maksimalt.

Så er da Jesus Kongen vår. En konge som selv er annerledes, kongen over et annerledes rike med et annerledes folk. Stundom er vi nok litt for like denne verden. Men når vi følger Kongen vår blir vi preget av Ham. Jesus er Kongen vår. Vi er folket Hans. Dette kaller vi å følge Jesus.

Andakt Romerbrevet 4, 8

Salig er det mennesket som Herren ikke tilregner synd! Et kort og enkelt Bibelvers. Dette ordet, dette vi nå leste, vet vi på mange måter fra før. Likevel er underet like stort. Salig er det mennesket som Gud ikke tilregner synd!

Det står ikke: Salig er det mennesket som ikke synder! For det fins ikke. Paulus og Bibelen er rimelig klar der. Det fins ikke en rettferdig, ikke en eneste. Hvordan kan det da ha seg at vi stadig faller i loviskhetens grøft og ser inn i vårt eget hjerte i fortvilelse over egen tilstand? Så har vi våre standarder om hvordan vi burde være. Hva vi burde si, gjøre, mene ,tenke, føle. Og vi kjenner på spriket mellom ideal og virkelighet. Vi bærer på egne forventninger, og andres. Er det rart Paulus bryter ut i fortvilelse, hvem skal befri meg fra meg selv? Ånden er villig men menneskenaturen er svak, sa Jesus .Det er sant!

Men salig er det mennesket som Gud ikke tilregner synd! Her er vegen å gå for alle som ser bristen i egen karakter. Jeg ulykkelige menneske, hvem skal fri meg fra dette dødens legeme? Dette var Paulus' sukk. Blir jeg da aldri bedre ? Ånden er villig, min natur er svak, er vår erfaring. Søker vi forbedringens veg til Gud er vi dømt til å mislykkes. Skal vi da bare gi opp? Ja, og nei! Ja, gi opp forbedringsslaveriet. Nei, søk en annen veg, Guds nåde! Ikke flykt fra Gud ,flykt til Gud!

Andre mennesker, verden og du selv tilregner ofte deg synd. Du får mange påminnelser om hvor ufullkommen du er. Hvor villig ånden nok er, men hvor skrøpelig din natur er. Blir jeg da aldri bedre? Sukker de fleste av oss. Likevel har vi så lite lært. Vi prøver oss på religionens forbedringsveg som frelse . Der bud og regler og foredling av oss selv er målet. Vi er utrolig loviske i vår Gudsdyrkelse. Og søker stadig egen ære på frelsens veg. Vi mislykkes, men prøver stadig.

Men salig er den som Herren ikke tilregner synd! Her er vegen .Gud skal ha all æren for vår frelse. Bare Han kan frelse. Bare Guds nåde kan berge oss. Det fins ingen annen veg. Prøver vi det, bommer vi totalt .Men hvis Gud ikke tilregner oss synd, da kan ingen det! Han er Høyesterett, Han bestemmer! Søker du tilflukt hos Gud er du på rett sted. Salig er den som Gud ikke tilregner synd. Nådens veg er og blir den eneste rette vegen til frelse. Salig er den som ahr funnet den!

funnet vegen til Jesus Kristus og Hans nåde . Han har gått over fra døden til livet.

Andakt Romerne 8, 1

Så er det da ingen fordømmelse. Ord vi har hørt så mange ganger. Men føler vi det alltid slik? Hvor ofte føler vi oss ikke fordømt av oss selv og andre? At vi sleper på synd og utilstrekkelighet, og at det er så mye som skulle vært gjort så mye bedre?

Det fins fordømmelse. Fra oss selv og andre. Kritikk, tunge tanker om hvor mye bedre vi skulle vært. En ting er de uvettige ordene fra andre. Særlig fra dem som selv synder. Men ofte er vi selv våre egne verste dommere. Vi krever det perfekte av oss selv. Og fordømmer oss selv når det –sjølsagt- iblant mislykkes. Blir jeg da aldri bedre? Er det bare jeg som strever med dette, eller gjør andre det også? Og jo mer vi strever, jo mer pynter vi på fasaden .Og der vi opplever moralsk brist hos oss selv vil vi ofte kritisere og dømme andre. Slik blir gjensidig fordømmelse en svøpe blant oss mennesker. Og vi prøver så å gjemme oss for Gud.

Men det behøver vi ikke! Det er jo nettopp Han som er vårt tilfluktsted . Det fins ingen fordømmelse. Hos Ham. For den som er i Kristus Jesus. Visst vet vi at det fins en fordømmelse. Gud skal rettferdig dømme verden og dens ondskap. Men for deg som tror på Jesus fins det ingen dom. Du er frikjent, erklært rettferdig, fri, frelst. Du behøver altså ikke være redd Gud. Frykt Ham, ja, men med ærefrykt, ikke synderens redsel. Vær frimodig. Har du Jesus er alt i orden. Er det ikke heller grunn til å takke Gud for Hans store frelse?

Skyldfølelse er utbredt. Selv i vår såkalte frigjorte tid .Hvor kommer så skyldfølelsen fra? Den kan komme fra Gud. Da er den ekte. Eller fra deg selv eller Djevelen . Eller andre mennesker. Og det handler alltid om at vi burde være annerledes enn vi er. Noe burde vi gjøre, men gjør det ikke. Noe burde vi ikke gjøre, men gjør det. Den kan komme fra Gud. Den Hellige Ånd minner oss på synd. Dette får oss til å se at vi er skyldige innfor Gud .Målet for Gud er kjærlighet. Å drive oss til omvendelse og bekjennelse. Til å ta imot Guds nåde. Skylden blir borte når synden er erkjent. Gud plager oss aldri med oppgjorte synder, de fins ikke! Fordømmelse kan også komme fra Djevelen .Han er anklageren. Som minner oss på alt galt. Men skyldfølelse for gamle synder som du har gått til Gud med , er ikke fra Gud. Det er Djevelen som plager deg og vil ha deg bort fra nåden i Jesus .Når skyld og skam tynger deg, gå da til den eneste som kan hjelpe deg . Jesus. Nåden gjelder. Det er ingen fordømmelse for deg som tilhører Jesus Kristus.

Andakt Salme 40, 1 – 6.

Dette er et personlig vitnesbyrd , ca 3000 år gammelt. Det må vel kunne kalles slitesterkt? Om nød og vanskeligheter, om hjelp og frelse. Om en Gud som bryr seg om mennesker og ser dem, og som griper inn. Om nytt liv, om livet med Gud. Det samme vitnesbyrdet har siden mange andre kunnet komme med, Gud grep inn og kom til hjelp.

Jeg ventet og håpet på Herren. Hvor lenge David ventet, vet vi ikke. Men det var vanskelige tider, og han levde i ei ventetid. Han ventet på at Gud skulle gripe inn. Det er vanskelig å vente, hardt å være tålmodig i trengselen . De fleste av oss har perioder i livet der vi går gjennom vanskeligheter. Vi kan kanskje si at alle har erfaringer med det?

Han bøyde seg til meg og hørte mitt rop .David fikk hjelp. Gud kjentes nær igjen ,Han bøyde seg ned til sin venn David. Han hørte hans bønnerop. Hva Davids problemer var vet vi ikke. Men han vitner om at da Gud hjalp var det som å bli dratt opp av fordervelsens grav, opp av djup gjørme. Og det nye livet ble som å gå på fjell, med faste skritt. Bildet er ikke vanskelig å forstå. Problemer og synd hefter seg så lett ved oss, som gjørme som drar oss ned. Men Gud kommer oss i møte ,Hans frelse i Jesus løfter oss opp fra sjølfordømmelse og livets bekymringer. Og vi får gå videre med rak rygg. Gud vil hele tiden gi oss et nytt liv!

Han la i min munn en ny sang, en lovsang for vår Gud. Møter du Gud til frelse og hjelp får livet ditt en ny sang. Fra klagesang til takk og lovsang. Det er lov å klage, husk det! Men vi kan også få tro at Gud vil gripe inn, og gi oss lovsanger i munnen. Mange kan da få se og høre vår lovsang og vårt vitnesbyrd. Se at Gud er en levende Gud .Også de vil da kunne lære å stole på Gud. Møter du Gud til hjelp får du et vitnesbyrd å bringe som kan føre andre til Gud. Salige er alle som stoler på Gud! Mennesker er ikke alltid til å stole på. Men Gud er for evig den samme.

Gud gjør mange under. Og alt Han gjør er til vårt beste. Guds undere i våre liv kan ikke telles. Selve livet er et under hver dag . Ser vi underet i våre liv, ser vi det hver dag? Eller er vi så vant med dem at vi overser dem? Ser du underet, ser du alt Gud gjør for deg?

Underets Gud gir oss en ny sang, en lovsang for vår Gud. Og så får vi være vitner for andre. Om at Gud er en god Gud. En Gud som løfter opp og som frelser.

Andakt Salme 42.

Hele denne Salmen treffer i sin enkelhet alt det våre menneskelige lengsler går til: Vi lengter etter Gud. Vi tørster etter Gud. Ja, til og med mye av vår synd og våre mange dragninger og legninger kan ofte være pga indre lengsel etter Gud. Vi prøver å slukke vår tørst med noe, og synden har alltid vært en erstatning for det vi egentlig trenger, fellesskap med Gud. Bare Gud kan slukke vår sjels tørst, vårt hjerte er urolig til det finner sin hvile i Gud.

Som hjorten stunder etter bekker med rennende vann, slik stunder min sjel etter Gud. Vi er skapt av Gud ,og ment å være i fellesskap med Ham .Når vi opplever denne verdens mangelfulle kontakt med Skaperen, da lengter vi etter Gud ,etter kontakt med Ham som eier oss. Vi er skapt til fellesskap med Gud. Livets største hensikt og mening er fellesskap med Gud .Mangler vi denne kontakten vil vi alltid søke erstatninger. Men de er som sprukne brønner, sier Bibelen .De slukker aldri helt tørsten etter mening. Innerst inne tørster vi alle etter Gud .Etter å komme Ham nær. Og det er vi skapt til ,så det er helt naturlig .

Han som skrev Salmen har nok kjent at han var helt avsides. Og folk spurte: Hvor er nå din Gud? Uro har fylt Salmisten .Kanskje har du også opplevd noe lignende? Festtogene til Guds hus kjentes langt borte. Og du kjenner gjerne igjen spørsmålet i Salmen: Hvorfor er du full av uro, min sjel? Mange svar kunne gis på det! Salmisten spør : Hvorfor er du full av uro, min sjel? Du spør gjerne det samme? Og du ber til Gud og syns ikke du får svar. Ja, iblant er selv det å be tungt. Husk da at de bønnene Gud hører best, er de vi ikke får til å be, når vi ikke klarer mer, når hjertet ber uten at vi orker det med tanker eller ord. Selvfølgelig hører Gud all bønn like godt, men likevel aller best våre mest hjelpeløse sukk.

Som Salmisten kan vi få vente på Gud. Få prise Gud igjen for Hans frelse, for hjelp og utfrielse! Gud er der hele tida. Enten vi føler oss avsides og Gud langt borte, eller når vi kjenner fest, glede, Guds nærvær. Ofte må vi vente. Guds time er ofte en annen enn vi forventer. Og vi kjenner uro, som Salmisten skriver om. Men enda en gang skal vi få kjenne at Gud griper inn, at Han er nær. Du som nå kjenner at livet består mer av lengsler og venting enn av bønnesvar og glede: Det er svar undervegs, engler kommer med bud! Gud vil lede deg inn i nytt liv der du får kjenne at Gud er god. Der uro blir til fred. Der livets lengsler blir fylt av Guds kjærlighet .

Andakt Salme 77, 10 a.

Kan Gud ha glemt å være nådig? Tenk deg tanken! Er Gud glemsom? Husker Han oss? Forestill deg en distre Gud. Tenk deg en Gud du må mase på hele tiden .Han glemmer alle avtaler og løfter. Og Han hører aldri helt etter. Eller tenk om Gud ikke tok så nøye på alle sine løfter . At Han fort blir irritert om vi forstyrrer. En Gud med dårlig tid. En stresset Gud som aldri rakk å ta seg av vår sak. Den lå alltid nederst i bunken av papirer Han aldri en gang så på...

Sammenligner vi Gud med våre egne egenskaper blir vi skremt. Tenk om Gud var slik!

Men Gud er både veldig glemsk og husker veldig godt. Ja, Gud glemmer fort og lett. Glemmer Han sin nåde? Gud er veldig glemsk. Men – Han glemmer aldri sin nåde. Han husker veldig godt. Nøye husker Han alt. Unntatt det Han glemmer totalt. Til sist er det slik at Gud er en mester både til å glemme og til å huske. Hvordan kan det gå til ? Gud husker all sin nåde og barmhjertighet mot oss. Og Han glemmer totalt all vår synd. Dersom vi ber om Hans nåde! Gud husker og Han glemmer. Han sa ja til å huske røveren på korset da denne bad om det. Han glemte hans synd og ga ham Paradis til svar.

Gud husker deg i nåde. Men Han har glemt all di synd. Er det ikke godt å ha en Gud som både husker og glemmer? Alt for at du skal bli frelst!

Andakt Salme 116.

Fall til ro, Herren har gjort vel mot deg! Midt i denne verdens angst og uro er Gud din hjelper. Han kommer deg til hjelp når du er svak. Det er ikke alltid slik at Han får deg til å føle deg så sterk. Du er gjerne like svak, men Gud selv er sterk. Han gjør livet ditt til en lovsang, til og med midt oppe i trengselstider. Midt i ditt eget liv ,det livet bare du selv kan leve, er Gud. Guds navn er jo Jeg er, Han er den som er. Som er i ditt liv. Du lever ikke aleine. Du lever hos Gud. Også når du ikke ser Ham .Ja, da er Han særlig nær, for da trenger du det enda mer at Han er nær.

Fall til ro, min sjel! Hvorfor skal det være så vanskelig å bli rolig? Skulle ikke troslivet være å gå fra seier til seier, også over det urolige følelseslivet? Skulle ikke livet vårt være et liv i stadig voksende tro og tillit til Gud? Skulle det ikke vises mer av tålmodighetens frukter i oss? Den som tror har ingen hast, sier Jesaja. Har ikke du også kjent på lysten etter å se at livet ditt er under Guds varetekt, og at Himmelen er åpen over deg hele tida, i alt? Et stabilt liv i tro, der det ikke veksler mellom tro og tvil?

Men når Bibelens ord sier fall til ro, min sjel, da må jo det bety at Bibelen realistisk regner med at vårt liv ikke alltid er så veldig rolig. At også en kristen må regne med angst og uro. Fall til ro, det må jo være å gå fra uro til ro. Fra ufred til fred. Fall til ro, min sjel . Går det an sånn uten videre bare å si til min sjel at den skal falle til ro? Kan jeg kommandere meg selv til det? Eller er det heller en oppfordring og et tilbud om et bedre liv?

Salmistens liv var langt i fra enkelt. "Dødens lenker snørte seg om meg ,Dødsrikets redsler grep meg . Jeg fant bare nød og sorg. " Hvor mange mennesker gjennom tidene har ikke kjent det slik? Hvor jordnær og realistisk Bibelen er, den skildrer mennesket i alle livets sider. "I min angst og uro sa jeg: Hvert menneske er en løgner". Slik skildrer Salmisten sine følelser. Ingen hjelp er å få når en trenger det mest. Hvor er venner å finne når en trenger dem mest?

Er du en venn? Når noen trenger en neste, er du der? Det er blitt sagt: Evangeliet skal forkynnes, om nødvendig med ord! Hva kan være ment med d et? Er det andre måter å forkynne på? Kan det tenkes at mennesker ser mer på vår vennlighet enn de hører våre ord? Vitner livet ditt om en god frelser? I vår tid, med mye ensomhet, er det største vitnesbyrdet vi kan gi verden å elske mennesker. Elske med handlinger, ikke bare mange ord. Lage fellesskap der mennesker ikke bare ser nakken min . Elske mennesker, også når de ikke lever slik jeg mener de skulle .

Gud er den som hjelper . Midt i nøden kom Gud til hjelp. Herren er min hyrde, jeg mangler ingenting. Slik er vitnesbyrdet til mange livsvandrere som møtte Gud. Det var ikke ved egen styrke de kom gjennom livets brottsjøer. Men ved Guds nåde.

Når Gud hjelper, det skulle vel ikke være deg Han vil bruke til det? Du som bekjenner deg til Gud. Ser du nøden rundt deg med samme øyne som Han? Ofte sier vi mennesker: Gud, hvorfor gjør du ikke noe med det vonde i verden? Da stiller Gud samme spørsmål tilbake: Og dere, hvorfor gjør da ikke dere noe med d et vonde? Når vi ønsker det gode i verden, hvem skal da gjøre det? Vi?

Så skildrer til sist Salme 116 jubelen og gleden , takken til Gud. I tillit takker Salmisten Gud for livet, for redning og utfrielse. Det er godt å høre vitnesbyrd fra takknemlige mennesker. Fra dem som ser hvem det var som kom dem til hjelp. Det var ikke tilfeldig ,det var Gud. Takk er smittsomt! Lykkelig er du som ser dette. At adressen for takki livet er Gud. Lykkelig er det takknemlige hjertet, det mennesket som er fullt av lovord om sin Gud. Så stilles igjen dette spørsmålet: Er det deg Gud vil bruke til å hjelpe andre? Er det du som vil være bærer av Guds gode gaver til mennesker ? Gud vil befri mennesker fra alt vondt. Er det deg Han kan bruke?

Andakt Sefanja 3, 17.

Gud er en helt! Vi dyrker helter. Dyrker du Gud? Helter bruker være gode og gjøre det gode. Gud er en helt i kjærlighet. Helter er ofte fjerne fra oss, mer en drøm langt fra vår hverdag enn noe nært. Gud er en helt som er hos deg. Nå. Alltid. Han er nær i hverdag og fest. Helter er noen vi dyrker og ser opp til og gleder oss over. Gud er helten som gleder seg over oss! Han gir oss på ny og på ny sin kjærlighet.

Herren din Gud er hos deg! Er det en selvfølge for deg? Er Gud nær eller fjern for deg? Hvis Gud er nær deg, hvilke muligheter gir det? Han som har skapt Himmel og Jord, bryr Han seg om lille meg? Har Han det ikke travelt, har Han tid til å bry seg om lille meg, med mine gleder og problemer? Hvis Gud er med meg, da er livet mitt mer enn bare å kave seg videre fra dag til dag. Da er Himmelen høy over min lille verden. Og så er det Herren, MIN Gud som er hos meg. Han er en Gud for meg, for deg, ikke bare en fjern Gud, som sitter et sted langt borte og ingenting vet. Han er ikke bare en teori, et høyere vesen. Han er personlig nær deg. Han er DIN Gud. Det betyr at du kan oppnå nær kontakt md Ham ,personlig og varmt .Dette er svært viktig for Ham. Det betyr at du er mye verd for Ham. Herren din Gud er hos deg. Det er målestokken som forteller hvem du er,at du er elsket. En søramerikaner sa en gang om misjonærene i området: De behandler oss som mennesker. Hvorfor? Fordi den som har møtt Gud har møtt mennesket og dets verdi. Menneskeverdet bygger på et møte med Gud.

Gud er en helt som har makt til å frelse. Han er hos oss. Et annet navn på Jesus er Immanuel, Gud med oss. Ordet ble menneske og tok bolig iblant oss. Jesus, sann Gud og sant menneske viser med all tydelighet at Gud er nær. Frelseren kom, frelseren er nær, vår frelse er nær. Guds rike er iblant oss, ja inni oss. Guds allmakt viser seg i kraften til å frelse. Han har gjort alt som trengs til frelse. Jesus er Guds store heltedåd for oss. Guds kraft ble demonstrert av Jesus. Istedenfor å stige ned av korset og befale millioner av engler å knuse Jorden, led Han heller vanærens død for oss. Guds makt triumferte i kjærlighet!Gud har makt til å frelse. Han har allerede gjort det. Tar du imot? Andre helter kan nok iblant hjelpe deg. Men hvor ofte har du møtt dem? Men Gud er midt iblant oss. Og Han kan frelse deg. Hvilke andre helter holder den dagen alt er slutt? Gud holder!

Han gleder og fryder seg over deg. Over DEG. Du som strever så med å elske deg selv. Du som ofte faller i synd og skuffer deg selv og andre. Du som strever og har et dårlig selvbilde. Du som syns det aldri blir noe bedre med deg. Gud gleder og fryder seg over deg., Se deg selv slik Gud ser det: Kostbar og vakker, skapt på underfullt vis , en person det ikke finnes maken til i universets historie. Det vil aldri komme en kopi av deg. La Gud være målestokken som viser hvem du er. Gud sier: Jeg lar mitt øye hvile på deg, og gir deg fred. Gud er så opptatt av deg at Han kan ikke ta øynene fra deg.

Han gir deg på ny sin kjærlighet. Igjen og igjen gir Han deg av det Han lengter mest etter å gi deg. Seg selv. Gud er kjærlighet. Ditt liv med Gud er ikke tørr religion og dogmer. Men et personlig forhold. Han som er livets kilde ber deg ikke bøye deg for ørkenstøv og gråtrist kristelighet. Han vil gi deg et liv der Han selv er din støtte i nøden og den du gleder deg hos når lykken smiler . Og Han er kraften i motgang. Guds kjærlighet er alltid like ny. Han vet hva du trenger i dag, ikke bare hva du bad for i går.

Han jubler over deg med fryd som på en høytidsdag .Tror du det er kjedelig å leve som en kristen? Forholdet til Gud er en fest. Vi har en Gud som jubler over oss hver dag, som om alt er en høytidsfest. For Gud er det høytid å få elske oss. Det er glede i Himmelen over hvert menneske som vender om. Et liv med Gud er et liv i fest, Du kjenner det ikke alltid. Men en gang skal det bli fullt høytidsfeiring. Gud gleder og fryder seg over deg! Slik er livet med Gud. Nå lever vi i tro. En dag skal vi få se Ham som Han er.

Andakt 2. Kor 12, 7-10

Min nåde er deg nok. Min nåde er nok for deg. For min kraft fullendes i skrøpelighet. For oss mennesker er dette underlige ord. Også for Paulus kostet det kamp å nå fram til dette. Det er ei vanskelig lekse å lære for oss mennesker, dette. Ikke i det høye, prangende, skrytende, men i et lave, lite ansette, stillferdige, åpenbarer som oftest Guds kraft seg.

En torn i kjødet, i kroppen. Paulus forteller om sine egne smertefulle erfaringer. Det har vært spekulert mye rundt dette med Paulus' torn i kroppen. Mange har ment at det må ha vært en sjukdom. Malaria, epilepsi, øyensjukdom ,depresjoner har blitt foreslått. Det er nytteløst å spekulere i dette. Men Paulus vet hvorfor han må lide så mye. Det er en hensikt med hans lidelse. Lidelsen kommer ikke fra Gud . Paulus kaller den en Satans engel , den kommer fra Djevelen. Og dette har nok vært til stort hinder og besvær for Paulus. Likevel brukte Gud dette til det gode: Å holde Paulus på plass i ydmykhet, så han ikke pga sin store tjeneste for Gud skulle falle i hovmot og bli totalt ubrukelig for Gud.

Tre ganger bad Paulus om å bli kvitt lidelsen. Selvfølgelig ville han gjerne bli kvitt sin lidelse! Men det ser ut til at han har fått nei til svar fra Gud . Også et nei fra Gud er et svar på bønn! Gud vet best hva som er til gagn for oss, hva som sikrer vår frelse . Iblant må Han lede oss gjennom det vonde og ubehagelige for å bringe oss til sine evige goder og til sist sikre oss frelse for evigheten . Dette er ei hard lekse å lære, ja, vi lærer den vel aldri helt her på Jord . Det vonde er ikke fra Gud, men Han kan bruke det til det gode. Paulus aksepterte Guds svar . Han gjorde det ikke på en sånn måte at han resignerte eller ga opp. Men han fikk innsikt i hvorfor Gud sa nei, hvorfor fortsatt lidelse. Slik ble lidelsen til seier, svakheten til styrke. Først da kunne han brukes av Gud, når han selv var svak.

Min nåde er nok for deg. Guds kraft fullendes i skrøpelighet, i svakhet. Merkelige ord. Paulus har virkelig gjennom sin egen lidelse fått se denne Guds store hemmelighet. Ja, nå vil han helst rose seg av sin egen svakhet! Hva har så dette å lære oss mennesker i dag? Ikke å dyrke lidelsen, slik mange har gjort. Det er ikke noe fromhetsideal i seg selv. Guds vilje er at vi skal ha det godt. Men i våre dager slaver vi mennesker under det vi tror er fullkommenhetsidealer.

Det er vi selv som har skapt disse falske idealene. Gud vil at vi skal leve i frihet og leve for Ham. Guds kraft fullendes i skrøpelighet. Her er vår fullkomne frihet.

Andakt 2. Korinterbrev 4, 1-7

Derfor mister vi ikke motet. Gud har i sin barmhjertighet gitt oss tjenesten for Ham. Tenk litt over det. Det er i barmhjertighet Gud har gitt deg den tjenesten for Ham du står i. Det livet du lever med sine gleder og byrder. Det er ikke bare ei oppgave, men ei gave. Åpent får vi stille oss fram med Guds nåde som får lyse fram også fra våre liv. Denne verden er blind for evangeliet, derfor tar mange ikke imot den store gaven fra Gud. Men Guds lys får lyse fram i og fra våre hjerter. Andre skal få se Guds herlighet og Jesus ansikt. Det lyser fram fra oss pga nåden vi har fått , ikke vår dugelighet. Denne skatten har vi i leirkar. Vi er ikke så prangende i oss selv. Den veldige kraften er fra Gud og ikke oss selv.

Derfor mister vi ikke motet. For det er i barmhjertighet Gud har gitt oss tjenesten vi står i. Og livet vårt med sitt strev og sine gleder. Tenk litt på det midt i de oppgavene livet og tjenesten fra Gud gir. De er alle og alt mest av alt ei gave, gitt i barmhjertighet. De er gitt oss av Gud. Ofte strever vi og sliter. Husk da at Gud har gitt oss dette nettopp i sin godhet. Han vil ta seg av oss med all sin omsorg. Derfor skal vi få se på Gud og ikke miste motet. Han vet i alt hva som best er for oss. Hans barmhjertighet og trofasthet er alltid der. En Far som steller om oss og bryr seg om oss.

Åpent får vi leve, åpent får vi legge fram evangeliet om Jesus .Ofte opplever vi at vi ikke lykkes. Det er så få som tar imot budskapet om Jesus Kristus. Evangeliet er skjult for mange. Denne verdens gud har forblindet mange , så de ikke ser Jesus. De hører ikke ,de ser ikke, de tar ikke imot våre enkle vitnesbyrd. Da er det viktig å ikke miste motet. Ikke å tro at det må være noe galt med meg. Bibelen sier at mottakerne ofte rett og slett ikke vil. Men vi får leve i lyset fra Jesus og åpent leve et liv som vitner om Ham. Vi trenger ikke miste motet .Vi får være vitner, Han er den som tar ansvaret for resultatene. Vi forkynner nemlig ikke oss selv, men Jesus.

Det er Guds lys som stråler fram fra våre liv. Jesu ansikt lyser gjennom oss på menneskene . Men denne skatten har vi i leirkar. Vi er enkle, ofte sprukne, redskaper. Men lyset fra Jesus er kraftig og sterkt, og det lyser til og med gjennom sprekkene i leirkarene våre. Ja, nettopp gjennom sprekkene! Slik vises og virker nåden i våre liv. Til et vitnesbyrd om Jesus Kristus. Kraften er fra Gud, ikke oss selv. Dette kan aldri gjentas for ofte. Det er ikke vår styrke som viser hvem Gud er i verden. Det er ved Guds kraft i vår skrøpelighet. Nettop våre sprekker viser best hvem Gud er.

Printed by Books on Demand GmbH, Norderstedt / Germany